Reinvenções
da Resistência Juvenil

CB044246

João Freire Filho

Reinvenções da resistência juvenil

os estudos culturais e as micropolíticas do cotidiano

Mauad X

Copyright @ by João Freire Filho, 2007

Direitos desta edição reservados à
MAUAD Editora Ltda.
Rua Joaquim Silva, 98, 5º andar
Lapa — Rio de Janeiro — RJ — CEP: 20241-110
Tel.: (21) 3479.7422 — Fax: (21) 3479.7400
www.mauad.com.br

Projeto Gráfico:
Nucleo de Arte/Mauad Editora

Capa:
Paula Wienskoski
(paulawienskoski@gmail.com)

CIP-BRASIL. CATALOGAÇÃO-NA-FONTE
SINDICATO NACIONAL DOS EDITORES DE LIVROS, RJ.

F933r

Freire Filho, João

Reinvenções da resistência juvenil: os estudos culturais e as micropolíticas do cotidiano / João Freire Filho. - Rio de Janeiro: Mauad X, 2007.

Inclui bibliografia

ISBN 978-85-7478-238-6

1. Juventude - Atitudes. 2. Juventude - Conduta. 3. Juventude - Atitudes políticas. 4. Movimento da juventude. 5. Cultura - Jovens. I. Título.

07-3809. CDD: 305.23
CDU: 316.346.32-053.6

Para o Arthur, meu filho –
principal motivação para eu
continuar resistindo.

Mesmo que a cultura juvenil não seja política no sentido de fazer parte de uma luta com consciência de classe pelo poder do Estado, ela oferece a pré-condição para tal luta. Levando-se em conta a estrutural falta de poder dos garotos da classe trabalhadora e o montante de pressão estatal que eles têm de absorver, nós só podemos nos maravilhar diante da jocosidade e da força da cultura que garante a sua sobrevivência, como qualquer tipo de grupo que seja. Se a questão final é como construir em cima desta cultura, como organizá-la, transformar resistência em rebelião, então esta é a questão que nos afasta da cultura juvenil e aproxima-nos da análise da luta política da classe trabalhadora como um todo.

Paul Corrigan e Simon Frith: "The politics of youth culture" (1976)

Os jovens são os guerrilheiros do *shopping center*, por excelência. (...) Eles podem aglomerar-se em torno das vitrines, impedindo consumidores legítimos de ver os produtos ou de entrar nas lojas; seu prazer está em provocar o aparecimento do proprietário-inimigo, para confrontá-los ou chamar o serviço de segurança para retirá-los. (...) O furto de lojas é outra área de constante trapaça e tenacidade. Mercadorias são "afanadas" por numerosas razões, das patológicas às materiais-econômicas, mas entre elas estão as táticas — o prazer de sinalizar e explorar o momento estratégico de fraqueza e, às vezes, de ludibriar a ordem ainda mais, retornando os bens roubados e reclamando reembolso por seu mau funcionamento. (...) O furto de lojas não é um ataque de guerrilha apenas contra os proprietários, mas contra o bloco-do-poder em geral — pais, professores, seguranças, o sistema legal e todos os agentes da disciplina ou da repressão social.

John Fiske: *Understanding popular culture* (1989)

Na privacidade dos seus quartos e através da atividade comunitária da cena *tween*, as pré-adolescentes *[de classe média, fãs de boy bands e da cantora Britney Spears]* que pesquisei estão encontrando o ponto em que podem sentir-se atraentes, sem perder a confiança, sedutoras, mas não objetificadas. Elas exploram formas ativas de manter sua consciência feminista e resistir à subordinação, enquanto consomem e desfrutam produtos de uma cultura que muitos argumentariam que contribui para a degradação de moças e mulheres. (...) O convite para, simultaneamente, imitar e atacar aquilo que pode oprimi-las propicia, ironicamente, liberação. (...) De fato, a cena *tween* é um local de empoderamento: ao participar da cultura *pop*-adolescente, as garotas experimentam o prazer de resistir ao seu conteúdo patriarcal.

Melaine Lowe: "'Tween' scene: resistance within the mainstream" (2004)

Sumário

Prefácio

Tema atraente e oportuno: pensar a condição juvenil pelo ângulo das "reinvenções da resistência". Perspectiva teórica e conceitual pertinente e criativa: articular estudos culturais, micropolíticas e vida cotidiana. Eis uma proposta instigante, que faz do livro de João Freire Filho uma referência singular e bem-vinda.

O objetivo, como explicitado pelo autor, é o de "analisar os fundamentos e os impasses teóricos e metodológicos dos debates articulados em um território específico: o denso acervo de investigações sobre as práticas de oposição engendradas pelos jovens, normalmente vistos como *sismógrafos*, *barômetros* ou *catalisadores* de mudanças na produção e no consumo cultural, nos comportamentos e nas relações sociais".

Detalhando melhor o percurso: João Freire Filho acompanha criticamente como o conceito de resistência atravessou, em diferentes momentos da linha do tempo, o debate sobre *juventude*, *questão juvenil*, *cultura jovem* e *subculturas juvenis*. O autor indica que esta trajetória pode ser avaliada em três etapas, tomando por base exemplos específicos: as pesquisas, nos anos 1970, sobre as "subculturas espetaculares" — *teds*, *rockers*, *mods*, rastafáris, *skinheads* e *punks*; o redirecionamento, já nos anos 1990, da concepção do fã como portador de comportamentos "patológicos" para uma nova versão acadêmica do "fã criador", concebido como "consumidor astuto, capaz de processar criativamente os sentidos de produtos de circulação massiva, elaborando, a partir deles, um conjunto variado de práticas, identidades e novos artefatos"; e, num terceiro bloco analítico, o questionamento sobre o significado de "ser uma adolescente liberada" em tempos de "sensibilidade pós-feminista", calcada em noções como escolha, prazer, independência, reinvenção e auto-estima.

Nota-se que a proposta define claramente prioridades e um ponto de partida para a análise dos estudos selecionados: os anos 1970 e, em especial, as gerações subseqüentes de autores/pesquisadores, por vezes considerados como herdeiros da original tradição britânica dos estudos culturais preconizada por Raymond Williams, Richard Hoggart, Edward P. Thompson e, também, Stuart Hall, desde a década de 1960.

Emerge como marca analítica do trabalho de João Freire Filho não apenas a explicitação de um rol de conceitos privilegiados pelos estudos culturais no período selecionado, mas a ênfase posta na relação entre conceitos e a forma como eles se inserem num *continuum* histórico ao qual, a cada passo, agregam-se novos elementos, "residuais e emergentes", resultando em descentramentos, quebra de hierarquias e constituição de novas hegemonias no campo do conhecimento em questão.

Da resistência compreendida como subversão e transgressão, endereçada a alvos fixos, institucionalizados e com protagonistas territorializados, passam-se a considerar ações de oposição pontuais, múltiplas, "prosaicas e sutis", em que os atores, em situação de fluxo, reivindicam em nome de uma sugerida subjetividade, requerem pautas fragmentárias, e o centro de interesse encontra-se, muitas vezes, disperso, difuso, em baixa ordem de visibilidade.

De uma percepção da juventude preconizada como referência mais universal – rebeldia; heroísmo e aventura; adesão ao movimento; ligação ao presente e rejeição ao passado; recusa da experiência; auto-realização – decorre a representação de um jovem particularmente inserido na hierarquia de classes e nos contextos de desigualdades sociais, étnicas e de gênero, nível de escolaridade, participação no mercado de trabalho, condições de moradia, acesso ao consumo cultural e às redes imaginárias do prazer, encantamento, desejo. Tais processos de migração encontram-se perpassados pelas teias da "juvenilidade", pelas "mitologias da cultura de massa" e, posteriormente, pelo positivo sentido de "crise juvenil" (Edgar Morin).

Do próprio descentramento da categoria classe social, base de sustentação de uma episteme marxista, ajusta-se o foco para considerar sua articulação a outros indicadores e variáveis como geração, etnia, gênero, que se fazem presentes desde os anos 1970, período privilegiado por esta reflexão. É do deslocamento da classe que entram em cena conceitos prioritários no novo cenário, como o de cotidianidade, apropriação, invenção – "a vida cotidiana conceituada não somente como um espaço de sujeição e alienação, mas como uma plataforma de fomento e expressão de micropolíticas de resistência", conforme sintetiza João Freire Filho. De um conceito antropológico de cultura que migra para uma concepção politicamente engajada de cultura e põe em cena, para proponentes e detratores, indagações tais como: de que cultura se fala? Como focar a cultura e manter o vínculo histórico com o marxismo e as determinações da base material? Trata-se de um marxismo cultural, de uma nova teoria cultural ou mesmo de "repensar a economia e a política em termos culturais"?

Aliada ao repertório teórico e conceitual, ressalta-se a presença, no registro de intenções deste trabalho, de uma postura crítica diante dos métodos e metodologias, assim como dos protocolos metodológicos adotados ao longo desta trajetória de estudos culturais contemporâneos, centrados na temática sobre jovens. A base da reflexão crítica ancora-se em alguns princípios epistemológicos que problematizam o reputado "outro juvenil". E o ponto de vista assumido afirma a necessidade do questionamento à pretensa "observação zelosa e isenta dos modos de vida forasteiros", como também alerta para o cuidado que se deve ter com a pesquisa qualitativa, para que, por exemplo, "a investigação etnográfica" não se transforme em mero "*descritivismo populista*". Sublinha-se, ainda, a necessidade de que sejam explicitadas e criteriosamente discutidas as condições de "*insider* e *outsider researcher*", em que eventuais pesquisadores transitam – como jovens que são ou foram, às vezes fãs ou mesmo aficionados – de uma situação de envolvimento ou de pertença a grupos juvenis para a posição de investigadores: é preciso evitar a confusão e o embaralhamento conceitual, enfatiza João Freire Filho.

Ainda uma consideração referente a esta pesquisa: os leitores atentos e interessados em ampliar e atualizar seus repertórios analíticos devem consultar o conjunto de obras mencionadas na bibliografia indicada ao final de cada capítulo, pois o acervo revela uma busca meticulosa, densa e atualizada. E, no retorno à leitura, estes mesmos leitores encontrarão, no corpo do texto, autores respondendo por seus lugares privilegiados neste debate. Além disso, ao final de cada capítulo, e em proposta explicitamente direcionada aos leitores, são apresentadas novas agendas de pesquisa e novos terrenos de investigação.

Epígrafes, quando meticulosamente selecionadas – tal qual ocorre, sem dúvida, neste livro –, funcionam como marcas, ênfases, destaques. Nesse sentido, parece deveras pertinente que a indagação de Christine Griffin [*Youth research in the 1990s: time for (another) rethink* (1997)] tenha sido escolhida por João Freire Filho como o mote de suas *Considerações Fi-*

nais: "Por que a pesquisa sobre juventude assume certas formas, em determinados contextos históricos e políticos?".

Este livro responde, sem dúvida, ao desafio proposto! Pois se trata de um competente balanço crítico, estruturado em dois eixos plenamente conectados: a leitura de uma determinada produção acadêmica voltada para a reflexão sobre jovens e vida cotidiana na contemporaneidade; e o mapeamento e a avaliação críticos das condições dos estudos culturais – seu alcance e pertinência –, a partir dos anos 1970, para a análise de objetos que tiveram sua origem nos projetos de modernização e nas atmosferas de modernidade e que enfrentam, hoje, os desafios da pós-modernidade e de suas inserções em cenários caracterizados pela "liquidez".

São Paulo, quase primavera de 2007.

Silvia Helena Simões Borelli

Professora Livre-Docente do Programa de Estudos
Pós-graduados em Ciências Sociais - PUC/SP.

Introdução

Resistência, um Conceito Camaleônico

Poucos conceitos resistem tanto a uma definição categórica quanto o de *resistência*. Distintas acepções do termo vêm sendo formuladas por autores de índole neogramsciniana ou pós-moderna, cuja agenda analítica se estende para além de questões de estrutura e controle social, contemplando (ou mesmo priorizando) manifestações de *agenciamento* – capacidade mediada socioculturalmente de agir de modo propositado (e, por vezes, criativo) diante de imposições coercivas e estados de dominação, impedindo, fortalecendo ou catalisando mudanças em normas, sanções e hierarquias culturais e sociais.

De acordo com Ahearn (2001: 109-110), o crescente interesse teórico pela temática do *agenciamento* é resultado de um conjunto de fatores que estimularam a interrogação sobre como as práticas reproduzem ou alteram formas estruturadas de constrangimento: em primeiro lugar, os movimentos sociais dos anos 1960 e 1970; em seguida, os levantes populares na Europa Central e Oriental, entre o término da década de 1980 e o princípio da década de 1990; por fim, a disseminação das críticas pós-modernas e pós-estruturalistas focadas no questionamento das "grandes narrativas" que não concedem espaço para tensões, contradições ou ações oposicionistas pontuais por parte de indivíduos e coletividades. À lista elaborada pela autora podemos acrescentar, ainda, os mais recentes ataques (jocosos, intempestivos, aguerridos) contra distintas figurações e efeitos da "globalização", do "neoliberalismo" ou do "capitalismo tardio", efetuados mundialmente por ambientalistas, novos movimentos sociais, grupos de ação direta e *culture jammers* – em regra, desiludidos tanto com os rituais e as instituições da democracia representativa quanto com as formas tradicionais de dissenso e protesto (Amoore, 2005; Butko, 2006; Dias e Ferreira, 2004; Donk, 2004; Freire Filho e Cabral, 2007; Mittelman, 1998; Pérez, 2001; Ryoki e Ortellado, 2004; Seoane e Taddei, 2001).

Concebida e valorizada, geralmente, como expressão mais palpável e significativa de agenciamento, a multifacetada noção de *resistência* desfruta, hoje em dia, de notável projeção no campo das ciências sociais, da história, da geografia, da literatura, dos estudos culturais e da crítica feminista. No encontro anual da American Sociological Association, em 2001, artigos sobre o tema do momento foram debatidos nas sessões dedicadas a esporte, gênero, movimentos sociais, sociologia política, tecnologia, entre outras (Hollander e Einwohner, 2004: 533). Ao folhear, casualmente, a edição de fevereiro de 1994 da *American Ethnologist*, Brown (1996) constatou que a palavra *resistência* (e os seus múltiplos refinamentos e mutações, como "subversão" e "transgressão") figurava no título ou subtítulo de mais da metade dos ensaios, sendo mencionada, de passagem, em vários outros – "Se existe alguma hegemonia hoje, é a hegemonia teórica da resistência" (729), ironizou o antropólogo, sem disfarçar seu incômodo com o "caso amoroso" entre a academia e um conceito tão volúvel a ponto de abarcar desde "contextos de inequívoca opressão política até as mais efêmeras formas de cultura de massa" (730).

Impressiona, sem dúvida, a amplitude das ações e dos comportamentos qualificados como "resistentes" em todos os níveis da vida social (individual, coletivo e institucional) e em diferentes cenários (partidos políticos; cultura popular; entretenimento massivo; escola; prisão; rua; local de trabalho; quarto de dormir...). Nos registros compreensivelmente pródigos dos dicionários, o vocábulo *resistência* e os seus correlatos remetem a uma desnorteante constelação de modos ativos e dinâmicos ou mais passivos e estáticos de lidar com situações e manobras julgadas adversas ou opressivas, aparecendo como sinônimos de: a) "recusa de submissão à vontade, à persuasão e ao controle de outrem"; b) "reação organizada a uma ocupação militar estrangeira"; c) "defesa jurídica contra uma ordem injusta"; d) "capacidade de suportar dor, fadiga, privações materiais ou intempéries", entre outros significados.

Mesmo na esfera mais restrita da teoria social, o perímetro semântico da *resistência* demonstra uma imoderada elasticidade referencial, incitada por diferentes concepções de *poder* e *subjetividade*. "Da revolução aos cortes de cabelo, tudo tem sido descrito como resistência", ratificaram Hollander e Einwohner (2004: 534), após o exame de centenas de artigos e livros de ciências sociais em que o conceito é um tópico teórico ou empírico central. Indivíduos, comunidades, subculturas e categorias sociais inteiras – territorialmente localizadas ou dispersas em nomadismos e diásporas – são flagrados resistindo (de variadas formas, manifestas ou tácitas) à exploração, à marginalização, ao aviltamento, à frustração pessoal, ao imperalismo cultural... Etc.

O principal foco de controvérsia entre as discrepantes abordagens dos parâmetros conceituais da *resistência* é a necessidade ou não de *intencionalidade* por parte de quem resiste e de *reconhecimento* daquela ação por parte dos alvos da resistência e dos demais membros da sociedade. Para alguns autores, determinar a intenção de indivíduos e grupos é uma tarefa supinamente espinhosa ou mesmo impossível, devido não só às dificuldades de acesso às motivações internas dos atores sociais, como também a diferenças culturais:

> Em virtude do fato de que uma mesma ação pode conter diferentes significados em diferentes culturas, aqueles que não fazem parte de uma determinada cultura podem avaliar equivocadamente a dimensão de resistência de uma ação. Logo, questões de intenção e reconhecimento podem se afetar mutuamente: um observador (por exemplo, um pesquisador) pode falhar em reconhecer um ato como resistente, se ele não detiver o conhecimento cultural para identificar a intenção por trás daquela ação (idem: 543).

As divergentes posições epistemológicas e ontológicas que norteiam as definições e as identificações da *resistência* podem ser divididas, de maneira bastante esquemática, em "modernas" e "pós-modernas" (Raby, 2005). Nas perspectivas modernas, o poder (arraigado na estrutura de classe ou no patriarcado) constitui algo que é possuído pelo grupo dominante e é exercido contra o subordinado; o subalterno é capaz, por sua vez, de resistir e tentar tomar o poder. Sob este prisma, o Estado é encarado, amiúde, como um instrumento das classes dominantes, utilizado para manufaturar consentimento e assegurar a manutenção do *status quo* – o que equivale a dizer que a dominação envolve a subjugação através da ideologia.

Tal posição binária em relação ao poder (institucionalizado e relativamente fixo) se conecta com uma concepção determinada de *agenciamento* e *subjetividade* em que o lócus da ação e da moralidade é um sujeito racional, pré-discursivo, internamente coerente, com um posicionamento claramente definido frente à dominação. O agenciamento, manifestado como resistência, pode emergir por intermédio das experiências do oprimido e de sua aversão à coação. Embora temerários, os caminhos para a mudança social – como destronar a classe dominante – são tão nítidos quanto quem detém o poder e quem é o subjugado. A resistência está normalmente ligada à fermentação de utopias – especulações, fantasias e exercícios de imaginação histórica que vislumbram uma radical alteridade sistêmica, a partir da qual se configurariam formas de vida e arranjos sociais genuinamente comprometidos com o livre desenvolvimento individual e o bem-estar coletivo.[1]

Como se sabe, existem controvérsias dentro do próprio marxismo a propósito da conceituação da *subjetividade*, no que tange ao grau em que somos determinados economicamente, ao papel da ideologia e ao processo da tomada de consciência de classe. Ainda assim, predomina a tendência de associar-se o surgimento da resistência a uma essência interior da humanidade (uma espécie de extravasamento de um rancor inato diante da subjugação), a uma reação a condições estruturais limitantes, a um reconhecimento da contradição entre ideologia e experiência ou, ainda, a um processo de conscientização da situação de oprimido animado por vanguardas revolucionárias.

Em vez de celebrar resistências coletivas, organizadas, oposicionistas, as abordagens pós-modernas tendem a enfatizar fluxos complexos de relação de poder, subjetividades construídas, fragmentárias e atividades locais e individualizadas. "É mais eficaz politicamente, como também mais analiticamente preciso, pensar em termos das 'múltiplas posições de agenciamento' que nós ocupamos", argumenta Mann (1994: 171). "Cada indivíduo envolvido deve tentar, no seu dia-a-dia e ao longo do tempo, integrar e reconciliar um conjunto confusamente variado de motivações, obrigações e desejos de reconhecimento ou recompensa".

Dentro deste modelo analítico, a contingência e a contradição desempenham papel crucial para a geração de resistência. Argumenta-se que eventuais fissuras na interpelação e na constituição discursiva podem permitir a experimentação e a configuração, ainda que efêmera, de modos novos e imprevistos de

[1] "Nosso senso de agenciamento feminista nos anos 1970 estava edificado sobre a crença de que éramos parte de uma revolução, que as coisas não seriam e nunca deveriam ser as mesmas novamente. Mais ainda, nossa experiência de agenciamento era fundamentalmente relacionada com as mudanças sociais e políticas que nós defendíamos e nas quais sentíamos que tomávamos parte" (Mann, 1994: 115).

pensar e agir; a emergência de "uma outra possibilidade de geografia para o desejo" (Guimarães, 2006: 641). Nesse processo, conhecimentos, verdades e rótulos preestabelecidos que disciplinam e assujeitam, mecanismos de controle que anestesiam a potência criadora podem ser questionados, reinterpretados, desautorizados e alterados. A chave para este agenciamento micropolítico é, segundo Mann (1994: 124), um "individualismo engajado", que permitiria combinar "formas de agenciamento econômico e interpessoal" e experimentações com "várias identidades e também diversas relações familiares e comunitárias".

Dependendo, pois, da formação cultural, da posição social e das inclinações teóricas e políticas do analista, uma mesma atividade pode ser descrita como "resistente", "rebelde", "rude", "anômica", "desviante", "diversionista", "delinqüente" ou "patológica", conforme atestam as copiosas pesquisas sobre o comportamento juvenil, realizadas no âmbito das ciências humanas e sociais. Um exemplo quiçá ainda mais eloqüente das dissonâncias na apreensão do fenômeno da *resistência* é a polêmica em torno dos casos de anorexia nervosa, assiduamente reportados desde o final do século XX. Em contraste com as interpretações convencionais da anorexia como uma observância extrema dos ideais de beleza chancelados pela mídia, uma incorporação dramática da regulação e do controle social das mulheres, releituras foucaultianas compreendem a inanição voluntária como uma prática ativa e oposicionista de renúncia da "feminilidade normativa" – um protesto contra os significados sociais preestabelecidos do corpo feminino; um modo de ataque de guerrilha contra os códigos patriarcais (Eckermann, 1997: 157-8; Grosz, 1994: 40). Neste contexto, o movimento pró-ana – dinamizado por adolescentes em incontáveis *sites* da Internet – é reavaliado como foco de construção de uma "identidade anoréxica" positiva, dotada de status e *empoderamento*[2], constituindo um desafio tanto aos discursos biomédicos e psiquiátricos hegemônicos quanto

---

[2] O conceito é empregado na psicologia, nas ciências sociais, nos estudos culturais e na economia para designar, em linhas gerais, o processo por meio do qual indivíduos e grupos sociais ampliam a capacidade de configurar suas próprias vidas, a partir de uma evolução na compreensão sobre suas potencialidades e sua inserção na sociedade. Não se trataria, em princípio, somente de uma questão de aumento de poder e autonomia individual ou de elevação da auto-estima, mas da aquisição de uma consciência coletiva da dependência social e da dominação política. A partir dos anos 1990, o termo virou moda não só entre estudiosos e integrantes de comunidades minoritárias, mas também dentro da cultura comercial *mainstream*, articulando referências

aos feministas ortodoxos, que infantilizam as mulheres como vítimas ingênuas e inconscientes dos padrões patriarcais de magreza (Dias, 2003).

Os critérios que aquilatam a eficácia oposicionista de determinadas ações também variam bastante. Com base em diferentes visões acerca da pujança radical da *performance* e da *carnavalização*, cerimônias coletivas de união de pessoas do mesmo sexo e paradas que celebram o "orgulho gay" podem tanto ser exaltadas como subversões inovadoras e efetivas de valores e normas de comportamento quanto rechaçadas como encenações confeccionadas sob os ditames da sociedade do espetáculo, folias inconseqüentes cujos idealizados efeitos de ruptura são facilmente assimiláveis pela ordem da diversão midiática.

Para complicar ainda mais este quadro interpretativo, atitudes classificadas como "resistentes", sem maiores ressalvas, comportam, não raro, outros significados, devido à diversidade de posições de sujeitos que ocupamos simultaneamente e à natureza fragmentada e entrecruzada das opressões e dominações. O repúdio à autoridade do professor em sala de aula, por exemplo, pode representar um desafio às expectativas do sistema escolar de classe média ou um conformismo perante as pressões do grupo de pares dominante (Ruby, 2005: 158). Como avaliar, por sua vez, a presença das mães que protestavam, pacificamente, na Praça de Maio contra o desaparecimento de membros de suas famílias durante o regime militar argentino? Estaríamos, em última análise, diante de mais um reforço da versão tradicional das relações de gênero, em que compete *naturalmente* às mulheres a preocupação com a família? Ou de um uso estratégico do estereótipo da maternidade, que dificultava represálias virulentas da ditadura contra as *genitoras extremosas*? "O papel das mulheres como mães era imposto pela cultura oficial, e isto limitava a função que elas podiam desempenhar na vida pública. Entretanto, e a despeito do fato de que as mulheres não rejeitavam inteiramente a visão tradicional da maternidade, elas foram capazes de usar o papel convencional e politizá-lo", ponderam Baldwin *et al.* (2000: 261). "Embora não se possa dizer que o protesto tenha transformado o poder político, ele criou um espaço em que pôde ocorrer uma discussão a respeito de justiça e de eventos que o governo militar almejava suprimir" (idem).

---

ao incremento do poder de compra de certos nichos de mercado com o poder político-social representado pela constituição de novas formas de subjetividade.

Tradicionalmente associada a protestos organizados ou insurreições coletivas de larga-escala contra instituições e ideologias opressivas, a noção de *resistência* passou a ser freqüentemente relacionada, desde os anos 1980, com ações mais prosaicas e sutis, gestos menos tipicamente heróicos da vida cotidiana, não vinculados a derrubadas de regimes políticos ou mesmo a discursos emancipatórios. Fazer gazeta ou "corpo mole" na escola e no trabalho; caminhar à toa, andar sem destino pelas ruas da cidade; reconfigurar os significados de espaços públicos e comerciais como zonas de autonomia e festa; fingir aquiescência ou ignorância; difamar o chefe e outras figuras de autoridade (ou zombar deles pelas costas); desobedecer a ordens médicas, escondendo comida e descartando bebidas nos quartos de hospitais; cometer pequenos furtos ou sabotagens; envolver-se com boicotes ou saques; adotar estilos de vida "alternativos" ou "antimaterialistas"; não votar; interpretar a contrapelo mensagens reacionárias, patriarcais ou infamantes da mídia; assimilar mensagens de caráter progressista ou 'empoderador' latentes na mídia; usar, de maneira desfigurada ou customizada, peças de roupas da moda; incorporar trajes e cortes de cabelo ligados a tradições culturais ou religiosas; falar ou escrever na língua nativa; romper com o discurso de vítima; silenciar-se deliberadamente; assumir "comportamentos de risco" (desde esportes radicais até sexo anal sem preservativo com indivíduos contaminados pelo vírus HIV); submeter-se voluntariamente a "modificações corporais *nonmainstream*" (práticas de *branding*, *burning*, *cutting* e inserção de implantes subcutâneos)... Eis aí uma módica amostra das inúmeras atividades e condutas realçadas como expressão de resistência, consoante a bibliografia referenciada no final desta introdução. Sobressai, nesta sondagem, a vital influência das teorizações de Certeau ([1980] 1994) e Scott (1985, 1990, 1993) a propósito das "artes", "estratégias" ou "táticas" cotidianas de resistência dos oprimidos e do postulado foucaultiano da coexistência e mútua implicação do par *poder/resistência* (Foucault, [1976] 1984: 91-92; [1977] 1989: 240-241).

Controvérsias particularmente constantes e vigorosas acerca da elusiva noção de *resistência* pontuam toda a história do campo interdisciplinar dos *estudos culturais* – desde a sua emergência na Inglaterra do pós-guerra (como uma alternativa não só às especulações idealistas sobre a relação entre *cultura* e *sociedade* propostas por um humanismo literário politicamente conservador e culturalmente elitista, como também ao determinismo econômico da crítica marxista tradicional), passando pelo período de seu estabelecimento mais formal nos anos 1970, sob a mítica rubrica "Escola de Birmingham", até a sua posterior aclimatação ao ambiente universitário australiano e norte-americano.

Para os proponentes dos estudos culturais, a questão central não era somente introduzir, no âmbito das humanidades, o significado de *cultura* em sua definição antropológica, fornecendo as bases de um novo paradigma crítico mais inclusivo, que considera como matérias válidas de investigação as experiências e os estilos de vida, o consumo e a produção simbólica de todos os membros da coletividade. Marcada por um senso de compromisso com discussões políticas prementes da sociedade britânica, a intervenção engajada dos *cultural studies* se notabilizou, no final dos turbulentos anos 1960, por tentar situar o universo das "práticas significantes" e da "vida cotidiana" dentro de uma teorização neomarxista a respeito dos usos da cultura na reprodução e no questionamento social.

Naquela conjuntura, prestigiosos intelectuais de esquerda de diferentes cantos do globo se voltavam para a *cultura*, fascinados ou fustigados pelo crescimento fenomenal de signos e espetáculos, modas e estilos. Jorravam, por toda parte, reflexões (de teor apocalíptico ou mais benevolente) a propósito da nova ordem capitalista pós-industrial, da sociedade de consumo capitaneada pelos meios de comunicação de massa. As ansiedades quanto a uma infrene americanização do mundo eram, por vezes, atenuadas diante da emergência de novos movimentos sociais com caráter reivindicante, oposicionista, igualmente assentados sobre o terreno da cultura (valores; linguagem; pertencimento; tradição; identidade). Para os teóricos preocupados em reestruturar e energizar o pensamento radical, a cultura não se afigurava mais apenas como uma distração idealista ou um acessório opcional – constituía a própria gramática e arena da luta política. Conforme ressalva Denning (2005: 94), "os novos materialismos culturais não eram simplesmente uma reafirmação da importância da superestrutura, mas um repensar da economia e da política em termos culturais".

O desabrochar dos estudos culturais britânicos – com sua ênfase na natureza mediada e nos aspectos representacionais do poder – está diretamente vinculado a esta percepção mais generalizada acerca da prevalência da cultura no seio das articulações do consenso e do dissenso político:

> [A] cultura, tanto de um modo específico, como textos estéticos e expressivos, quanto num sentido mais generalizante, como linguagem e comunicação, tinha emergido historicamente como um domínio crucial no qual a história estava sendo feita, e a resistência estava sendo, pelo menos plausivelmente, organizada. (...) Ou talvez, para falar de forma mais precisa, a cultura como texto e discurso – como uma estrutura de mediação cognitiva e semântica – era onde a experiência vivida de mudança histórica estava sendo constituída. Era onde as pessoas viviam e atribuíam sentido às mudanças e aos desafios políticos das suas vidas (e, por conseguinte, constituíam-nos). (...) Obviamente, dizer que a cultura estava se tornando dominante não equivale a afirmar que ela era determinante, e a nova visibilidade e o novo papel da cultura eram, sem dúvida, o resultado, de maneiras complexas, das particularidades dos arranjos políticos e econômicos do pós-guerra (por exemplo, o compromisso corporativo do "liberalismo", a Guerra Fria etc.), mas também das contestações (incluindo a ascensão tanto do novo conservadorismo quanto da contracultura, do movimento dos direitos civis, do feminismo e da política de identidade de forma mais abrangente, dos pânicos morais em torno da cultura juvenil) (Grossberg, 2006: 10-11).

A partir do momento em que o conceito de *cultura* é atrelado expressamente pelos *cultural studies* a uma problemática de poder, torna-se inevitável a interrogação sobre *dominações* e *resistências* – seja ela formulada sob os auspícios da obra de Gramsci ou sob o impacto mais recente dos escritos de Certeau e Foucault. Na realidade, tais contendas constituem a própria essência do protocolo analítico do novo campo de investigação, cujo objetivo principal é, em poucas palavras, esmiuçar (por meio de análises textuais e abordagens etnográficas) de que maneiras os recursos culturais funcionam tanto para forjar a aceitação do *status quo* e a dominação social quanto para habilitar e encorajar os estratos subordinados a resistir à opressão e a contestar ideologias e estruturas de poder conservadoras. A partir dos anos 1980, a segunda parte desta equação passou a ser cada vez mais enfatizada, configurando-se uma tendência de celebração extrema da capacidade reagente dos grupos inferiorizados – aptos, invariavelmente, a suplantar as tentativas de regulação das esferas do pessoal, do privado e do cotidiano, absorvendo, reciclando ou rechaçando padrões e categorias normativas promovidas pelos aparatos cognatos da mídia e do consumismo.

Não tenho a pretensão megalômana de oferecer, neste livro, um relato crítico exaustivo das discussões em torno do conceito de *resistência* travadas no decurso da sinuosa trajetória de formação e institucionalização dos estudos culturais (Brantlinger, 1990; Carey, 1998; Cevasco, 2003; Gray, 2003; Grossberg, 1993, 1997, 2006; Grossberg *et al.*, 1992; Hall, 1980, 1996a, 1996b; Hartley, 2003; Kellner, 2001: 47-74; Mattelart e Neveu, 2004; Silva, 1999; Sparks, 1996; Striphas, 1998; Turner, 1990). Minha proposta – mais viável, ainda que bastante abrangente – é analisar os fundamentos e os impasses teóricos e metodológicos dos debates articulados em um território específico: o denso acervo de investigações sobre as práticas de oposição engendradas pelos jovens, normalmente vistos como *sismógrafos*, *barômetros* ou *catalisadores* de mudanças na produção e no consumo cultural, nos comportamentos e nas relações sociais.

Ao longo de três capítulos inter-relacionados, examino os distintos contornos assumidos pela noção de *resistência juvenil*, elucidando os vínculos significativos entre alterações conceituais e mudanças na conjuntura histórica e acadêmica. O cerne de minha abordagem são os clássicos estudos a respeito das "subculturas espetaculares" dos anos 1970 (e suas reformulações ou implosões pós-modernas) e os trabalhos mais contemporâneos sobre os "fãs criadores" (receptores ativos e produtores prolíficos de artefatos culturais) e as "empoderadas" garotas pós-feministas (estandartes de uma "feminilidade revolucionária", obcecadamente teorizada pela academia e representada pela mídia).

Os jovens e seus pesquisadores (ou *artífices discursivos*) constituem, portanto, os protagonistas deste livro. Acredito, porém, que a imersão crítica no terreno movediço da *resistência juvenil* pode contribuir para reflexões mais amplas e diversificadas tanto a respeito da mobilização do poder nas formações simbólicas quanto das determinações (e indeterminações) da ação social. Ficaria particularmente satisfeito se este livro estimulasse, de alguma forma, revisões cautelosas de modismos acadêmicos como "empoderamento" e "cultura participativa", manejados, amiúde, com soberbo *otimismo da razão* e minguado rigor conceitual.

Referências bibliográficas

ABU-LUGHOD, Lila. The romance of resistance: tracing transformations of power through Bedouin women. *American Ethnologist*, vol. 17, n° 1, p. 41-55, 1990.

AHEARN, Laura M. Language and agency. *Annual Review of Anthropology*, vol. 30, p. 109-137, 2001.

AMOORE, Louise (ed.). *The global resistance reader*. Londres: Routledge, 2005.

BALDWIN, Elaine *et al*. *Introducing cultural studies*. Athens: University of Georgia Press, 2000.

BELL, Mebbie. Re/forming the anorexic "prisoner": inpatient medical treatment as the return to panoptic femininity. *Cultural Studies <=> Critical Methodologies*, vol. 6, n° 2, p. 282-307, 2006.

BRANTLINGER, Patrick. *Crusoe's footprints: cultural studies in Britain and America*. Nova Iorque: Routledge, 1990.

BROWN, Michael F. On resisting resistance. *American Anthropologist*, vol. 98, n° 4, p. 729-735, 1996.

BUTKO, Thomas J. Gramsci and the "anti-globalization" movement: think before you act. *Socialism and Democracy*, vol. 20, n° 2, p. 79-102, 2006.

CANIATO, Angela; CESNIK, Claudia Cotrim. Adolescência e resistência. *Anais do I Simpósio Internacional do Adolescente*, São Paulo, 2005. Disponível em http://www.proceedings.scielo.br/scielo.php?script=sci_arttext&pid=MSC0000000082005000200016&lng=en&nrm=abn. Acesso em 04 jan. 2007.

CAREY, James W. Reflexiones acerca del proyecto de los estudios culturales (norteamericanos). In: FERGUSON, Marjorie; GOLDING, Peter (eds.). *Economía política y estudios culturales*, p. 41-74. Barcelona: Bosch Casa Editorial, 1998.

CERTEAU, Michel de. *A invenção do cotidiano*. Petrópolis, RJ: Vozes, 1994 [1980].

CEVASCO, Maria Elisa. *Dez lições sobre estudos culturais*. São Paulo: Boitempo, 2003.

CHAUÍ, Marilena. *Conformismo e resistência – aspectos da cultura popular no Brasil*. São Paulo: Brasiliense, 1996 [1986].

COLUCCI, Mario. Hystériques, internés, hommes infâmes: Michel Foucault et la résistance au pouvoir. *Sud/Nord*, nº 20, p. 123-145, 2005.

DELEUZE, Gilles. *Foucault*. São Paulo: Brasiliense, 1988.

DENNING, Michael. *A cultura na era dos três mundos*. São Paulo: Francis, 2005.

DIAS, Karen. The Ana sanctuary: women's pro-anorexia narratives in cyberspace. *Journal of International Women's Studies*, vol. 4, nº 2, p. 31-45, 2003.

DIAS, Renata de Souza; FERREIRA, Jairo. Movimentos de resistência global: a transformação das relações entre o campo político e midiático. Trabalho apresentado no NP Comunicação para a Cidadania do *XXVII Congresso Brasileiro de Ciências da Comunicação*, Porto Alegre, RS, 2004.

DONK, Wim Van de *et al* (eds.). *Cyberprotest: new media, citizens and social movements*. Nova Iorque: Routledge, 2004.

ECKERMANN, Liz. Foucault, embodiment and gendered subjectivities: the case of voluntary self-starvation. In: PETERSEN, Alan; BUNTON, Robyn (eds). *Foucault, health and medicine*, p. 151-169. Londres: Routledge, 1997.

FISKE, John. *Understanding popular culture*. Londres: Unwin Hyman, 1989.

________. Radical shopping in Los Angeles: race, media and the sphere of consumption. *Media, Culture & Society*, vol. 16, nº 3, p. 469-486, 1994.

FOUCAULT, Michel. *História da sexualidade I: a vontade de saber*. Rio de Janeiro: Graal, 1984 [1976].

________. Não ao sexo rei. In: MACHADO, Roberto (org.). *Microfísica do poder*, p. 229-242. Rio de Janeiro: Edições Graal, 2001.

FOURNIER, Susan. Consumer resistance: societal motivations, consumer manifestations, and implications in the marketing domain. *Advances in Consumer Research*, vol. 25, p. 88-90, 1998.

FRANK, Katherine. Agency. *Anthropological Theory*, vol. 6, n° 3, p. 281-302, 2006.

FREIRE FILHO, João; CABRAL, Ana Julia Cury de Brito. Contra-hegemonia e resistência juvenil: movimentos mundiais de contestação da ordem neoliberal. In: COUTINHO, Eduardo Granja (org.). *Comunicação e contra-hegemonia: processos culturais e comunicacionais de contestação, pressão e resistência*. Rio de Janeiro: Ed. UFRJ, 2007 (no prelo).

GRAMSCI, Antonio. *Cadernos do cárcere*. Rio de Janeiro: Civilização Brasileira, 2001 [1947].

GRAY, Ann. Cultural studies at Birmingham: the impossibility of critical pedagogy? *Cultural Studies*, vol. 17, n° 6, p. 767-782, 2003.

GROSSBERG, Lawrence. *Bringing it all back home: essays on cultural studies.* Durham, N.C.: Duke University Press, 1997.

________. The cultural studies' crossroads blues. *European Journal of Cultural Studies*, vol. 1, nº 1, p. 65-82, 1998.

________. Does cultural studies have futures? should it? (or what's the matter with New York?). Cultural studies, contexts and conjunctures. *Cultural Studies*, vol. 20, nº 1, p. 1-32, 2006.

GROSSBERG, Lawrence *et al.* Cultural studies: an introduction. In: GROSSBERG, Lawrence *et al* (eds). *Cultural studies*, p. 1-18. Londres: Routledge, 1992.

GROSZ, Elizabeth. *Volatile bodies: towards a corporeal feminism.* Sydney: Allen and Unwin, 1994.

GROULEZ, Marianne. Écrire l'anorexie. Évolution de la maladie, renouvellement du discours. *Études*, 405/4, p. 330-337, 2006.

GUIMARAES, Cristian Fabiano *et al.* Subjetividade e estratégias de resistência na prisão. *Psicologia: ciência e profissão*, vol. 26, n° 4, p.632-645, 2006.

GUTMANN, Matthew C. Rituals of resistance: a critique of the theory of everyday forms of resistance. *Latin American Perspectives*, vol. 20, n° 2, p. 74-92, 1993.

________. Rituals of resistance: a critique of the theory of everyday forms of resistance: rejoinder. *Latin American Perspectives*, vol. 20, n° 2, p. 95-96, 1993.

HALL, Stuart. Cultural studies and the Centre: some problematics and problems. In: HALL, Stuart *et al* (eds.). *Culture, media, language*, p. 15-47. Londres: Routledge, 1980.

________. The rediscovery of ideology: return of the repressed in media studies. In: GUREVITCH, Michael *et al.* (eds.). *Culture, society, and the media*, p. 56-90. Londres: Methuen, 1982.

________. Cultural studies: two paradigms. In: STOREY, John (ed.). *What is cultural studies? A reader*, p. 31-48. Londres: Arnold, 1996a.

________. Cultural studies and its theoretical legacies. In: MORLEY David; CHEN, Kuan-Hsing (eds.). *Stuart Hall: critical dialogues in cultural studies*, p. 262-275. Londres: Routledge, 1996b.

________. The problem of ideology: marxism without guarantees. In: MORLEY David; CHEN, Kuan-Hsing (eds.). *Stuart Hall: critical dialogues in cultural studies*, p. 25-46. Londres: Routledge, 1996c.

HARTLEY, John. *A short history of cultural studies*. Londres: Sage, 2003.

HOLLANDER, Jocelyn A.; EINWOHNER, Rachel L.. Conceptualizing resistance. *Sociological Forum*, vol. 19, n° 4, p. 533-554, 2004.

KATES, Steven M.; BELK, Russel W. The meanings of Lesbian and Gay Pride Day: resistance through consumption and resistance to consumption. *Journal of Contemporary Ethnography,* vol. 30, n° 4, p. 392-429, 2001.

KELLNER, Douglas. *A cultura da mídia – estudos culturais: identidade e política entre o moderno e o pós-moderno*. Bauru, SP: EDUSC, 2001.

KUUMBA, M. Bahati; AJANAKU, Femi. Dreadlocks: the hair aesthetics of cultural resistance and collective identity formation. *Mobilization: An International Quarterly*, vol. 3, n° 2, p. 227-243, 1998.

LODY, Raul. *Cabelos de axé: identidade e resistência*. Rio de Janeiro: Editora Senac Nacional, 2004.

LUCAS, Luciane; HOFF, Tânia. Resistência e emancipação social: a cidadania como condição participante na construção da produção simbólica. Trabalho apresentado no GT Economia Política e Políticas da Comunicação do *XVI Encontro da Compós*, na UTP, em Curitiba, PR, 2007.

McLENNAN, Gregor. Resistance. In: BENNET, Tony *et al.* (eds.). *New keywords: a revised vocabulary of culture and society*, p. 309-311. Oxford: Blackwell, 2005.

McNAY, Lois. *Gender and agency: reconfiguring the subject in feminist and social theory*. Cambridge: Polity Press, 2000.

MACLEOD, Arlene Elowe. Hegemonic relations and gender resistance: the new veiling as accommodating protest in Cairo. *Signs*, vol. 17, n° 3, p. 533-557, 1992.

MANN, Patricia S. *Micro-politics: agency in a postfeminist era*. Mineápolis: University of Minnesota Press, 1994.

MATTELART, Armand; NEVEU, Érik. *Introdução aos estudos culturais*. São Paulo: Parábola, 2004.

MAY, Tim. From banana time to just-in-time: power and resistance at work sociology. *Sociology*, vol. 33, n° 4, p. 767-783, 1999.

MERCER, Kobena. Black hair/style politics. In: GELDER, Ken; THORNTON, Sarah (eds.). *The subcultures reader*, p. 420-435. Londres: Routledge, 1997.

MONSMA, Karl. James C. Scott e a resistência cotidiana no campo: uma avaliação crítica. *BIB – Revista Brasileira de Informação Bibliográfica em Ciências Sociais*, n° 49, p. 95-121, 2000.

MORAIS, Rodrigo de Oliveira. www.sabotagem: pirataria ou resistência?. Trabalho apresentado no NP Tecnologias da Informação e da Comunicação do *XXVIII Congresso Brasileiro de Ciências da Comunicação*, Rio de Janeiro, RJ, 2005.

MORTON, Adam David. "La resurrección del maíz": globalisation, resistance and the zapatistas. *Millennium: Journal of International Studies*, vol. 31, n° 1, p. 27-54, 2002.

ORTEGA, Francisco. Das utopias sociais às utopias corporais: identidades somáticas e marcas corporais. In: ALMEIDA, Maria Isabel Mendes de e EUGENIO, Fernanda (orgs.). *Culturas jovens: novos mapas do afeto*, p. 42-58. Rio de Janeiro: Jorge Zahar Ed., 2006.

PEÑALOZA, Lisa; PRICE, Linda L.. Consumer resistance: a conceptual overview. *Advances in Consumer Research*, vol. 20, p. 123-128, 1993.

PÉREZ, Manuel Monereo. Génova: resistencias, nuevos sujetos y reconstrucción de un movimiento anticapitalista. *Aportes*, vol. 6, n° 18, p. 135-140, 2001.

PICKETT, Brent L.. Foucault and the politics of resistance. *Polity*, vol. 28, n° 4, p. 445-466, 1996.

RABY, Rebecca. What is resistance?. *Journal of Youth Studies*, vol. 8, n° 2, p. 151-171, 2005.

ROUX, Dominique. Résistance du consommateur: un état de l'art sur les formes de réponses adverses au marché et aux firmes. *Actes du 4ème Congrès International des Tendances du Marketing*, 2005. Disponível em: http://www.univ-paris12.fr/irg/cahiers/_Paris_Venise.pdf. Acesso em 12 fev. 2007.

________. La résistance du consommateur: conceptualisations, échelles d'observation et proposition d'un cadre d'analyse. *Actes du 22ème Congrès International de l'AFM*, Nantes, 2006.

Disponível em: http://www.univ-paris12.fr/irg/ cahiers/Resistance_du_consommateur.pdf. Acesso em 20 mar. 2007.

RUPERT, Mark. Globalising common sense: a Marxian-Gramscian (re-)vision of the politics of governance/resistance. *Review of International Studies*, vol. 29, p. 181-198, 2003.

RYOKI, André; ORTELLADO, Pablo. *Estamos vencendo! Resistência global no Brasil*. São Paulo: Conrad, 2004.

SAUKKO, Paula. Rereading media and eating disorders: Karen Carpenter, Princess Diana, and the healthy female self. *Critical Studies in Media Communication*, vol. 23, n° 2, p.152-169, 2006.

SCOTT, James C. *Weapons of the weak: everyday forms of peasant resistance*. New Haven: Yale University Press, 1985.

________. *Domination and the arts of resistance*. New Haven: Yale University Press, 1990.

________. Rituals of resistance: a critique of the theory of everyday forms of resistance: reply James C. Scott. *Latin American Perspectives*, vol. 20, n° 2, p. 93-94, 1993.

SEOANE, José; TADDEI, Emilio (orgs.). *Resistências mundiais: de Seattle a Porto Alegre*. Petrópolis, RJ: Vozes, 2001.

SEYMOUR, Susan. Resistance. *Anthropological Theory*, vol. 6, n° 3, 303-321, 2006.

SILVA, Tomas Tadeu da (org.). *O que é, afinal, estudos culturais?* Belo Horizonte: Autêntica, 1999.

SPARKS, Colin. The evolution of cultural studies… In: STOREY, John (ed.). *What is cultural studies? A reader*, p. 14-30. Londres: Arnold, 1996.

STRIPHAS, Ted. The long march: cultural studies and its institutionalization. *Cultural Studies*, vol. 12, n° 4, p. 453-755, 1998.

THOMPSON, Kevin. Forms of resistance: Foucault on tactical reversal and self-formation. *Continental Philosophy Review*, vol. 36, p.113-138, 2003.

TURNER, Graeme. *British culture studies: an introduction*. Londres: Unwin Hyman, 1990.

WARIN, Megan. Transformations of intimacy and sociality in anorexia: bedrooms in public institutions. *Body & Society*, vol. 11, n° 3, p. 97-113, 2005.

WEITZ, Rose. Women and their hair: seeking power through resistance and accommodation. *Gender & Society*, vol. 15, n° 5, p. 667-686, 2001.

Capítulo 1

Divertimento & Dissenso: Subculturas, Cenas e Tribos num "Mundo sem Fronteiras"

Durante a década de 1970, professores e alunos do Centre of Contemporary Cultural Studies (CCCS) da Universidade de Birmingham produziram inovadoras reflexões acerca dos interesses e das práticas que arregimentavam os jovens dos meios populares. Ao abordar o fremente universo subcultural juvenil, o *staff* do CCCS almejava manter-se eqüidistante tanto da cegueira dos "céticos materialistas" da velha esquerda quanto da euforia dos "idealistas visionários" da nova esquerda (Clarke *et al.*, 1976: 16).

A *juventude* despontara, na Inglaterra do pós-guerra, como um lócus privilegiado para conjecturas, idealizações, teorizações e debates públicos acerca de mudanças na economia, na produção e no consumo cultural, nos costumes e nas relações sociais. Por um lado, os jovens figuravam como o mais eloqüente prospecto das mitologias em torno do "consenso político" e da "afluência econômica" em curso no país (beneficiado pela ausência temporária, no mercado mundial, de grandes exportadores como Alemanha, França, Japão e Itália). Com tempo livre e algum dinheiro no bolso (oriundo, no caso da prole da classe trabalhadora, do ingresso em empregos com parca ou nenhuma exigência de qualificação prévia), a "nova geração" passou a ser conceituada e assediada, pelos agentes do mercado, como um público-alvo crucial. Formas e locais de entretenimento, roupas, comidas e bebidas confeccionadas especificamente para satisfazer as "necessidades" dos adolescentes se expandiam com notável pujança, promovendo uma redefinição do conceito de lazer[3].

---

[3] "O lazer não era mais simplesmente um momento de descanso e recuperação do trabalho, o espaço das questões familiares e da edificação privada. Ele fora ampliado para um potencial estilo de vida, possibilitado pelo consumismo. Comprar um determinado disco, escolher um modelo de casaco ou de saia vinculado a uma moda específica, meditar cuidadosamente acerca da cor dos seus sapatos é abrir a porta para um estilo de viver ativamente construído" (Chambers, 1985: 16).

Diversos observadores festejavam o desempenho do novo "segmento de mercado" como precursor de um futuro de generalizada bem-aventurança. Tal perspectiva foi celebrizada por Mark Abrams, no panfleto *The teenage consumer* (1959). Segundo Abrams, a juventude, mais do que qualquer outro grupo social, prosperara materialmente desde 1945 – seus rendimentos tinham aumentado em 50% (quase o dobro do conquistado pelos adultos); seus gastos eletivos haviam crescido em 100%, conformando a base econômica para uma Cultura Juvenil única, independente, vibrante.

Outros participantes das candentes discussões em torno da "questão juvenil", entretanto, desqualificavam os padrões de comportamento e consumo adolescentes como sendo "hedonistas", "moralmente duvidosos" e "irracionais" – índices maiúsculos da crise de valores e da *débâcle* cultural. Lançados consecutivamente durante e logo após a Segunda Guerra, filmes ingleses e estadunidenses de baixo e alto orçamento – *Where are your children* (1944); *I accuse my parents* (1944); *City across the river* (1949); *O selvagem* (*The wild one*, 1953); *Juventude transviada* (*Rebel without a cause*, 1955); *O prisioneiro do rock* (*Jailhouse rock*, 1955); *Teen-age crime wave* (1955); *Sementes de violência* (*Blackboard jungle*, 1955); *Girls in prison* (1956); *Juvenile jungle* (1958); *High school confidential* (1958) – ajudaram a disseminar duas imagens altamente estereotipadas da "rebeldia", "selvageria" ou "delinqüência" juvenil (ainda hoje manipuladas e enunciadas em diferentes instâncias e contextos): o *jovem desviante* como uma redimível vítima melodramática da sociedade ou o *jovem desviante* como uma aterradora ameaça que deve ser banida ou eliminada, em nome da restauração da moralidade e da ordem. Centralizado, de início, nos desatinos e nas depravações da mocidade pobre urbana, o filão cinematográfico da "adolescência problemática" logo passou a enfocar, também, os desgarrados rebentos da classe média suburbana (Baker, 2005; Doherty, 1988; Neale, 2000).

Percepções alarmistas a respeito dos desacertos da nova geração eram fortalecidas por inúmeras abordagens psicanalíticas das subculturas formadas por jovens de baixa renda – identificadas, com auxílio de metáforas animalizantes e patológicas, como agrupamentos de indivíduos desprovidos de adequado desenvolvimento emocional e cognitivo, fruto funesto da privação nos grandes centros industriais (Blackman, 2005: 5).

Num seminal artigo publicado na segunda edição do *Working Papers in Cultural Studies*, periódico de divulgação do CCCS, Phil Cohen rompeu com o mórbido arcabouço psicológico e criminalizante prevalecente, até então, nas investigações sobre as subculturas juvenis da classe trabalhadora, procurando compreendê-las como formações sociais razoáveis e coerentes, e não como um sintoma de demência ou iniqüidade. Sob perceptível influência da concepção de ideologia de Althusser e da teoria do mito de Lévi-Strauss, Cohen asseverou que a função latente das subculturas era expressar e solucionar, ainda que de uma maneira "mágica", contradições sociais ocultas e irresolvidas na cultura dos pais – relacionadas com a erosão de antigos espaços comunitários, a fragmentação da tradicional "família estendida" e transformações na organização do trabalho, resultantes, por sua vez, de projetos de "reurbanização" e "modernização" intervencionistas, autocráticos.

> As sucessivas subculturas que esta cultura paterna gerou podem ser consideradas como variações em torno de um tema central – a contradição, no nível ideológico, entre o tradicional puritanismo da classe trabalhadora e o novo hedonismo do consumo; no nível econômico, entre um futuro como parte de uma elite socialmente móvel ou de um novo lumpemproletariado. Mods, skinheads, crombies, todos eles representam, de diferentes maneiras, uma tentativa de reaver algum dos elementos socialmente coesivos destruídos na cultura dos seus pais e de combiná-los com elementos de outras frações de classe, simbolizando uma ou outra das opções conflitantes (Cohen, [1972] 1997: 94).

De acordo com tal esquema analítico, o estilo de vida dos mods, por exemplo, deveria ser interpretado como uma tentativa de consubstanciar, num plano imaginário, as condições de existência do trabalhador de colarinho-branco socialmente ascendente. Apesar de as gírias e as formas rituais dos mods enfatizarem muito dos valores tradicionais da cultura paterna, o seu estilo e as suas roupas exageradamente chiques (ternos italianos e cabelos bem cortados), as suas motonetas e as suas músicas favoritas (o *jazz* moderno, o *rhythm and blues* e, mais tarde, o *soul*) refletiam a imagem hedonista do consumidor afluente. Já o estilo de vida dos skinheads representava uma inversão sistemática dos mods – enquanto estes encenavam a opção de mobilidade ocupacional e social, os jovens carecas dramatizavam a vida do lumpesinato. A música e o vestuário eram, mais uma vez, fundamentais: a adoção do reggae ("a música de protesto dos indianos pobres") e o uso do arquetípico uniforme de operário significavam uma reação contra a contaminação da cultura paterna por ideais de classe média e a reafirmação dos "genuínos" valores do proletariado, através de seus traços mais regressivos – o puritanismo e o chauvinismo.

Sob o signo da subversão

Com base em extensões e revisões gramscinianas do sugestivo quadro de referência formulado por Cohen, integrantes do CCCS procuraram captar melhor o significado social e político da "Cultura Jovem" (notadamente, das "subculturas espetaculares" da classe operária), dando ênfase maior às suas formas criativas de lidar com e resistir à ordem dominante. Rechaçando o fatalismo do *leitmotiv* frankfurtiano "divertir-se significa estar de acordo" (Adorno e Horkheimer, [1947] 1990: 182), os estudos culturais britânicos realçaram o poder do lazer subcultural como veículo de dissenso, como agente de mudanças positivas – ainda que instáveis, circunscritas, não revolucionárias – na vida dos jovens. Embora possuíssem, inegavelmente, uma "dimensão ideológica", as subculturas juvenis não eram meros "construtos ideológicos", como indicara Cohen: tais formações sociais (bastante concretas, identificáveis), ao abordar a problemática de classe do seu estrato de origem, forneciam efetivamente a segmentos da juventude da classe trabalhadora (sobretudo, aos rapazes) uma estratégia para negociar sua existência coletiva e "conquistar espaço cultural" (tempo e lugares de diversão, circulação e manifestação).

Além de frisar, com ressalvas, certos triunfos culturais das "subculturas espetaculares", as monografias sobre teds, rockers, mods, rastafáris, skinheads, coligadas no clássico *Resistance through rituals* (1976), tinham uma preocupação em comum: reiterar a crítica à supracitada noção (em voga na retórica política, acadêmica e jornalística) de que a "afluência do pós-guerra" teria redundado na assimilação dos jovens da classe trabalhadora em uma cultura de consumo juvenil homogênea – "um bloco social solidamente integrado" (Laurie, 1965: 11), a nova classe juvenil do lazer, cujo estilo de vida fulgurante era explorado pelos publicitários, com freqüência, como símbolo de "modernidade" e "prazer descomprometido". Para os pesquisadores da Escola de Birmingham, tais "interpretações ideológicas" determinavam a identidade da "cultura juvenil" apenas e tão-somente a partir de seus aspectos mais extraordinários (música, estilos, lazer), disfarçando e reprimindo tanto a relação do fenômeno com outras formações culturais mais amplas da sociedade (a "cultura paterna", da qual os jovens eram uma fração, a "cultura dominante" e a "cultura de massa") quanto as disparidades entre os diferentes estratos da juventude. Os estilos emergentes – mesmo que, de fato, fossem indicativos de hábitos de consumo recém-adquiridos, intimamente ligados ao incremento das indústrias do lazer e da moda adolescente – simbolizavam, num nível mais profundo, respostas (ou "soluções") culturais dos jovens para os problemas ocasionados por sua experiência de classe (mediada pela geração, pela etnia e – tal qual seria reconhecido mais tarde – pelo gênero).

A proposta do CCCS era, em síntese, desconstruir e destronar o conceito mercadológico de *cultura juvenil* e, em seu lugar, erigir um retrato mais meticuloso das raízes sociais, econômicas e culturais das variadas *subculturas juvenis* e de suas vinculações com a divisão do trabalho e as relações de produção, sem negligenciar as especificidades de seu conteúdo e de sua posição etária e geracional (Clarke *et al.*, 1976: 16). Não se tratava meramente, pois, de produzir inventários de padrões de consumo e estilos de vida subculturais; era impreterível avaliar que função a apropriação (criativa, insólita, espetacular) de artefatos da cultura de consumo, do tempo e de espaços territoriais assumia perante as instituições dominantes hegemônicas.

> As coberturas jornalísticas, especialmente, têm inclinado-se a isolar *coisas*, a despeito do seu uso, de como elas são adotadas e transformadas, as atividades e os espaços através dos quais elas são "postas em movimento", as identidades e os pontos de vista grupais que imprimem um estilo sobre coisas e objetos. Ao mesmo tempo em que precisamos levar a sério o significado de objetos e coisas para uma subcultura, deve ser parte de nossa análise *des*-fetichizá-los (idem: 53-54).

A chave para a formação e a interpretação das subculturas era o processo de *estilização* – "a articulação ativa dos objetos com atividades e pontos de vista, que produz uma identidade grupal, na forma de uma maneira distinta e coerente de 'estar-no-mundo'" (idem: 54). Embora já salientasse a *multiacentuabilidade* do signo e a polissemia das mercadorias, a teoria subcultural ressaltava, inicialmente, a importância da existência da *homologia* na criação estilística – isto é, de uma prévia e concreta relação entre a estrutura e o conteúdo de um artefato ou estilo visual adotado pela subcultura e sua estrutura grupal, sua auto-imagem coletiva, suas inquietações essenciais e suas atitudes.

> O ponto importante, aqui, é que o grupo deve ser capaz de *reconhecer-se* nos potenciais significados mais ou menos reprimidos de determinados objetos simbólicos. Isto requer que o objeto em questão deva possuir a "possibilidade objetiva" de refletir valores e preocupações particulares do grupo em questão, entre a série de significados que ele pode deter (Clarke, 1976: 179).

O uso do termo "objetivo" sugere que práticas e artefatos comportavam certas propriedades materiais que os tornavam especialmente afeitos à integração dentro do sistema de crenças e valores das subculturas – como as motocicletas e o rock-and-roll do final dos anos 1950 para os motoqueiros e as drogas alucinógenas e o rock progressivo para os hippies (Willis, 1978). A adoção posterior de uma perspectiva mais estruturalista alterou o foco das relações expressivas entre cultura e experiência para as relações internas entre diferentes sistemas culturais; a polissemia dos signos assumiu, assim, uma importância muito maior na teorização das práticas subculturais. A noção de *bricolagem* elaborada por Lévi-Strauss (reordenamento e recontextualização dos objetos com intuito de comunicar novos significados, dentro de um sistema que já inclui significados sedimentados atrelados àqueles artefatos) forneceu um novo quadro explanatório para a configuração das subculturas, notabilizado por Dick Hebdige em *Subculture: the meaning of style* (1979).

Hebdige ponderava que a experiência ou a "matéria bruta" que as subculturas presumidamente deveriam processar eram, em realidade, já mediadas através de aparatos ideológicos preexistentes. Logo, o trabalho subcultural não era tanto expressivo quanto transgressivo: o poder do estilo não emergia das similitudes objetivas entre signos e um modo de vida, mas, sim, das diferenças entre a maneira como um signo era normalmente usado e a sua realocação para um contexto semiótico diferente. As subculturas empreendiam uma batalha ideológica contra a apropriação do espaço semiótico pelos códigos dominantes que, conforme demonstrara Barthes ([1956] 1963), aspiravam se naturalizar: "Ao reposicionar e recontextualizar mercadorias, ao subverter os seus usos convencionais e criar outros, o estilista subcultural desmente aquilo que Althusser denominou 'falsa obviedade das práticas cotidianas', e abre o mundo dos objetos para novas e encobertas leituras oposicionistas" (Hebdige, 1979: 102). Os punks (cabelos espetados, roupas rasgadas, correntes, algemas, alfinetes de fralda, suástica, bandeira da Inglaterra, música freneticamente rápida, cusparadas, anfetaminas) haviam aperfeiçoado a tática da bricolagem, levando-a a sua conclusão lógica: "Vestidos de caos, eles produziam Barulho na Crise calmamente orquestrada da vida cotidiana do final dos anos 1970 – um ruído cujo *nonsense* era equivalente ao de uma obra musical de vanguarda" (idem: 114-115).

A teoria subcultural na berlinda

A partir da década de 1990, os estudos subculturais britânicos se tornaram alvo de sucessivas críticas (Bennett, 1999, 2000, 2002; Brown, 2004; Bennett e Kahn-Harris, 2004; Carrington e Wilson, 2002; Hesmondhalgh, 1998, 2005; Huq, 2006; Kahn-Harris, 2004; Laughey, 2006; McGuigan, 1992: 89-123; Muggleton, 2002, 2005; Muggleton e Weinzierl, 2004; Negus, 1996: 12-35; Redhead, 1990, 1993, 1997; Redhead *et al.*, 1997; Skelton e Valentine, 1998; Thornton, 1995; Widdicombe e Wooffitt, 1995), cujo conteúdo se baseia, às vezes, em objeções previamente efetuadas por membros históricos do próprio CCCS, como Frith (1986), Hebdige (1988) e McRobbie (1976, 1994).

Para alguns analistas, o relato pioneiro da Escola de Birmingham a respeito do desenvolvimento de subculturas juvenis claramente definidas e de sua posterior incorporação pelos aparatos da cultura da mídia e do consumo se revela datado diante da atual profusão e volatilidade de estilos, formas e práticas (sub)culturais; outros críticos vão mais além, argumentando que a teoria subcultural estava irremediavelmente enganada desde os seus primórdios.

As divergências em relação aos temas, aos pressupostos e à metodologia da Escola de Birmingham tendem a gravitar, em síntese, ao redor das seguintes questões (amiúde, inter-relacionadas):

a) elitismo cultural, consubstanciado na distinção entre as apropriações criativas, rebeldes das subculturas e o consumo passivo, conformista da maioria dos jovens, excluídos do escopo da análise subcultural (Clarke, 1997; Negus, 1996: 13-35; Thornton, 1995; Grossberg, 1987);

b) negligência no tratamento das práticas culturais femininas, centradas no espaço doméstico (McRobbie e Garber, 1976; McRobbie, 1991, 1994; Lincoln, 2004; Lowe, 2004; Weller, 2005) ou localizadas dentro do perímetro mesmo das subculturas espetaculares (Leblanc, 1999; Reddington, 2003);

c) teorização precária da presença e influência dos jovens e da música negra, da "questão racial" e do racismo no universo subcultural (Böse 2003; Carrington e Wilson, 2004);

d) ênfase na abordagem do estilo visual, em detrimento da análise da função das atividades e do consumo musical na emergência e no desenvolvimento das formações culturais juvenis (Hesmondhalgh, 1998, 2002, 2005; Laing, 1985, 1997; Middleton, 1990: 155-171; Shuker, 2002: 208-209; Stahl, 2004: 53);

e) opção por pronunciamentos teóricos (marxistas estruturalistas) mais generalizantes e recusa (com exceção de Paul Willis) em examinar o que as subculturas de fato faziam e qual o significado destas atividades para os próprios jovens (Bennett, 2002; Carrington e Wilson, 2002; Muggleton, 2002; Weinzierl e Muggleton, 2004);

f) indicação das condições de classe como o aspecto central da definição dos estilos juvenis, sem levar em conta todas as possibilidades para a experimentação e construção criativa da identidade e da autoimagem coletiva, abertas pela moda, pela música e por outras mercadorias (Bennett, 1999, 2000);

g) celebração romântica e ingênua da autenticidade, do poder de resistência e do desafio político das subculturas juvenis espetaculares (McRobbie, 1996: 155-176; Muggleton, 2002; Redhead, 1990, 1993, 1997; Thornton, 1995; Weinzierl e Muggleton, 2004).

Com o firme propósito de superar as omissões temáticas, as superdeterminações estruturais e o déficit empírico identificados na teoria subcultural, emergiu (dentro do contexto acadêmico anglo-americano) uma nova área de investigação – batizada, bem de acordo com a predileção hodierna por prefixos ambíguos, de *estudos pós-subculturais*, *pós-Birmingham* ou, ainda, *pós-CCCS*. Seus principais marcos teóricos: a *sociologia do gosto* de Bourdieu ([1979] 1997); a descrição de Weber ([1922] 1966) da clivagem da sociedade em *grupos de status*; a *teoria da performatividade* de Butler (1993, 1997, 2003), com sua ênfase no caráter fendido, contraditório e cambiável das identidades; o conceito de *tribalismo* de Maffesoli (1988); e o *réquiem do real e do social* composto por Baudrillard (1970, 1985, 1994).

Escorada em um ou mais dos referenciais supracitados, a teoria pós-subcultural aspira, em linhas gerais, reavaliar a relação entre jovens, música, estilo e identidade no terreno social cambiante do novo milênio, em que fluxos globais e subcorrentes locais se rearticulariam e reestruturariam de maneira complexa, produzindo novas e híbridas constelações culturais (Weinzierl e Muggleton, 2004: 2). A passagem da "subcultura para a *cultura club*" (Redhead, 1997) patentearia a irrupção de uma estonteante mescla de estilos que não se encaixa com as "rígidas fronteiras e categorias" estipuladas pela Escola de Birmingham. Numa mixagem de todos os tipos de estilo, uma mesma pista de dança atraía "uma série de subculturas previamente opostas, dos hooligans do futebol aos hippies da Nova Era" (Redhead, 1993: 3-4).

A proposta original de leitura das subculturas como "textos" tende a ser rejeitada pelos teóricos pós-subculturalistas em favor de técnicas qualitativas de investigação sociológica, entrevistas em profundidade e estudos de caso etnográficos, (micro)focalizados nos contextos cotidianos que moldam as afiliações juvenis. Quando eventualmente reconhecida, a resistência é desnudada de sua roupagem neomarxista e revestida com uma aura mais individualista, relacionada com a política da subjetividade, do corpo, do prazer. Como conseqüência deste revisionismo teórico e metodológico, proliferam novas terminologias (*canais*, *subcanais*; *redes temporárias de subcorrentes*; *cenas*; *comunidades emocionais*; *culturas club*; *estilos de vida*; *neotribos*), candidatas a substituir o conceito de *subcultura*, cujo valor heurístico – alega-se – solapa diante das mutáveis sensibilidades e múltiplas estratificações e interações das culturas juvenis do pós-punk.

De um modo geral, as nomenclaturas recém-lançadas procuram acentuar a existência de agrupamentos juvenis caracterizados por uma lógica de pertencimento superficial, transitória, dispersa, associada a apenas uma fração da identidade individual e informada menos por hierarquias sociais e econômicas do que por afinidades culturais eletivas compartilhadas. "Lá em 1964, você *era* um Mod ou um Rocker. Atualmente, você *está* numa onda Techno, Reagge ou Acid Jazz. É a diferença entre nadar e molhar o pé na água para checar a temperatura – um flerte exploratório *versus* imersão e comprometimento" (Polhemus, 1998: 131). Passando em revista as elucubrações pós-modernas a respeito da feição crescentemente fluida e contingente das culturas e das identidades, Muggleton (2002) destacou a "sensibilidade individualista, fragmentada e difusa", a composição de classe heterogênea e o sentimento "antiestrutura" dos estilistas pós-subculturais dos anos 1990. A explosão de pastiches e *mélanges* culturais, moda *retrô*, irônicos *revivals* estilísticos e identidades segmentadas pelo mercado consagraria a apoteose de uma cultura de consumo em que a primazia da liberdade de escolha individual sobre os constrangimentos estruturais modernos é axiomática.

Visivelmente extasiado com a "deleitosa confusão", "a irrestrita proliferação de opções", "a abundância de identidades tribais" que residem "num parque temático de estilos de rua onde a verdadeira autenticidade sempre será um sonho impossível", Polhemus (1998: 132-133) sentenciou:

> No Supermercado de Estilo, tudo é possível e nada é exatamente o que parece. À medida que velhos significados são descartados, outros novos, inesperados são criados, num processo de terrorismo semiológico (...) Se a moda celebrava a mudança e o estilo subcultural celebrava a identidade grupal, os habitantes do Mundo do Estilo celebram a verdade da falsidade, a autenticidade da simulação, a ausência de sentido da tagarelice. (...) O que vestir no terceiro milênio? Escolha alguma coisa que faça sentido por não fazer sentido. Fique de fora – do tempo, do lugar, do contexto. (...) Quem é real? Quem é um replicante? Quem se importa. Divirta-se.

Obviamente, não é possível contemplar, aqui, todas as objeções (com variado grau de pertinência) lançadas contra a doutrina subcultural da Escola de Birmingham. Algumas delas, entretanto, são facilmente descartáveis: em nome da verdade histórica, deve-se ressalvar, por exemplo, que o objetivo de *Resistance through rituals* era – conforme anunciam nitidamente Clarke *et al.* (1976) – tratar de um tópico que se relacionava "*apenas* com seções da juventude da classe trabalhadora ou de classe média", não havendo, pois, a pretensão de "delinear a posição histórica e social da juventude da classe trabalhadora como um todo" (16). Em outra passagem do livro (sempre omitida pela memória seletiva dos críticos), admite-se que a grande maioria da juventude da classe trabalhadora jamais ingressara numa subcultura; alguns indivíduos, por sua vez, entraram e saíram de uma ou, mesmo, de várias – "Sua relação com as subculturas existentes pode ser fugaz ou permanente, marginal ou central" (idem). É salientado ainda, logo em seguida, que a participação em uma subcultura pode ser menos significativa do que as demais atividades que os jovens desenvolvem em sua vida cotidiana, na escola, no trabalho. Ou seja, o quadro de referência originariamente proposto pelo CCCS nunca tencionou contemplar e esclarecer a totalidade de aspectos da cultura e da vida de todos os segmentos da juventude; tampouco se proclamava como elucidativo a respeito do que havia de unicamente relevante naquele universo. Além de indevida, não deixa de ser irônica a cobrança de uma abordagem onicompetente por parte de autores pós-modernos, com orgulhosa vocação hiperfragmentária...

Crônica de uma morte anunciada

Talvez seja mesmo, porém, a questão basilar da *resistência subcultural* a mais controversa e afeita a interpretações distorcidas. A crítica pós-subculturalista argumenta, em regra, que seus predecessores superestimaram os rituais de resistência juvenil, conferindo-lhes importância política não demonstrada teórica ou historicamente. Todavia, quem examina, com atenção, o legado do CCCS encontra um panorama mais nuançado e complexo.

Conforme assinalei antes, a Escola de Birmingham situa a relação das subculturas juvenis com a cultura dominante num quadro teórico de opressão, conflito e luta. Clarke *et al.* (1976: 45) faziam questão de frisar, no entanto, que nem todas as estratégias de luta tinham o mesmo peso; nem todas constituíam uma solução alternativa, potencialmente contra-hegemônica. Era o caso das "subculturas espetaculares": a forma deveras ritualística e estilizada de suas respostas à dominação social sugeria que elas não se apresentavam, apenas, como veículos para a conquista de espaços culturais – afiguravam-se, também, como tentativas de *solução* para os dilemas da subordinação, para conflitos internos e não resolvidos da cultura dos pais, um expediente que, por encontrar-se ancorado fundamentalmente no nível simbólico, estava destinado ao fracasso:

> Não há "solução subcultural" para o desemprego, a desvantagem educacional compulsória, trabalhos sem futuro, a rotinização e a especi-

alização do labor, baixo salário e falta de qualificações da juventude da classe trabalhadora. Estratégias subculturais não podem competir com, ir de encontro a ou responder às dimensões estruturantes emergentes neste período para a classe como um todo (idem: 47).

Os teóricos do CCCS, ainda sob a influência da matriz althusseriana, aquilatavam o potencial subversivo das subculturas como drasticamente afetado pelo não-reconhecimento da discrepância entre *negociações reais* e *"resoluções" simbolicamente deslocadas* – isto é, pela incapacidade de firmar suas "soluções" no terreno real em que as contradições de classe emergiam. Um evidente tom de consternação marca trechos do relato de como os jovens buscavam resolver, de forma "imaginária", problemas que permaneciam intocados, no plano material concreto:

> Assim, a expropriação do "Teddy Boy" de um estilo de vestir da classe alta "cobre" o hiato entre as chances reais de vida e carreira em trabalhos predominantemente manuais, desqualificados, quase lúmpenes e a experiência de estar "todo-arrumado-sem-ter-para-aonde-ir" do fim da tarde de sábado. Assim, na expropriação e fetichização do consumo e do próprio estilo, os "Mods" cobrem o hiato entre o final-de-semana-que-nunca-termina e o recomeço do trabalho tedioso e sem futuro na segunda-feira. Assim, na ressurreição de uma forma de vestuário "simbólica" e arquetípica (mas, de fato, anacrônica) da classe trabalhadora, no foco deslocado na partida de futebol e na "ocupação" com tarefas ligadas ao esporte, os Skinheads reafirmam, mas "imaginariamente", os valores de uma classe, a essência de um estilo, um tipo de condição de fã que poucos adultos da classe trabalhadora continuam subscrevendo: eles "re(a)presentam" um senso de território e localismo que os planejadores e especuladores estão rapidamente destruindo: eles "declaram" vivo e saudável um jogo que está sendo comercializado, profissionalizado e espetacularizado (48).

A convicção de que as subculturas não consistiam num desafio efetivo à formação social e à sua legitimidade atravessa, também, outros textos canônicos da ortodoxia subculturalista. Adaptando as categorias de *dominação, negociação* e *oposição* cunhadas por Parkin (1971), Clarke (1976) e Clarke e Jefferson (1976) asseveraram que a cultura juvenil não podia ter esperança de ser *oposicionista*, enquanto operasse unicamente na esfera do lazer e do consumo – deslocamento que envolvia a supressão, em vez da transcendência, de outras áreas-chave (trabalho, família) em que as contradições eram geradas. "Não há quantidade de encantamento estilístico que possa alterar o modo opressivo através do qual as mercadorias usadas pela subcultura têm sido produzidas", ratificou Hebdige (1979: 130).

Sem meta ou ação política mais generalizada e organizada, as subculturas juvenis da classe trabalhadora não podiam sustentar-se por longo período de tempo; não conseguiam crescer, convertendo-se em genuínos movimentos de massa, aptos a produzir mudanças estruturais de larga-escala. As restrições e a inviabilidade de tais formações culturais ficavam patentes quando eram comparadas com a carreira relativamente longa do movimento hippie. Naquela corrente subcultural de classe média, embora o foco principal de atenção fosse igualmente o lazer, irrompiam tentativas (limitadas, contraditórias) de prefigurar e fomentar estratégias alternativas para áreas mais amplas da vida social – o trabalho, a produção e a sexualidade (Clarke, 1976: 191; Clarke *et al.*, 1976: 57-71). Já o potencial de resistência dos estilos (inovadores e inquietantes) das subculturas espetaculares era continuamente esmaecido em virtude dos processos paralelos de *reapropriação* e *redefinição*, organizados consoante o quadro de referências e interesses da cultura dominante (Clarke, 1976: 185-189; Clarke e Jefferson, 1978: 157; Hebdige, 1979: 92-99).

A reapropriação – dinamizada por agentes dos mercados publicitário, fonográfico e da moda – implicava uma mutação genética radical das subculturas originais: de *estilo de vida classista* genuíno e orgânico, viravam puro *estilo de consumo geracional*. Uma vez removidos de seu "contexto privado" por pequenos empreendedores e grandes investidores, os ruídos sonoros e visuais dos agrupamentos juvenis subordinados se tornavam codificados e compreensíveis; convertiam-se, em um só instante, em propriedade pública e mercadoria lucrativa. Neste processo de transformação de elementos simbólicos (como a música e o estilo) em campo de acumulação de capital, aspectos mais aceitáveis eram enfatizados; outros, descartados ou deslocados do contexto das relações sociais. Logo, conclui Hebdige (1979: 96), era possível afirmar que os dois modos de incorporação (o semântico/ideológico e o "real"/comercial) convergiam na forma mercadoria. Não se tratava tanto, porém, de uma conspiração por parte de fabricantes e vendedores, mas de uma função "natural" do processo da produção ideológica e mercadológica burguesa (Clarke, 1976: 188).

Como se não bastassem as pressões comerciais das malhas do mercado, as subculturas espetaculares enfrentavam, ainda, o assédio desestabilizador da mídia de massa – seja mediante a *incorporação*, que trivializava e neutralizava determinados comportamentos como "típicos dos jovens", "traquinagens passageiras", seja por meio da *estigmatização* e da criação de "pânicos morais".[4]

A histeria incitada pelas subculturas espetaculares era, conforme assinalou Hebdige (1979: 92), tipicamente ambivalente, oscilando entre o medo e o fascínio, o ultraje e o divertimento. As primeiras páginas da imprensa exclamavam o choque e o horror, enquanto que os editoriais se dedicavam a análises pretensamente mais sérias; cadernos centrais e suplementos culturais desfilavam, por sua vez, comentários "delirantes" acerca das últimas tendências e rituais. O estilo, sobretudo, suscitava uma resposta dupla: celebração, nas páginas de moda; escárnio, nos artigos que interpretavam as subculturas como problemas sociais. Nas palavras do autor, a representação midiática das subculturas as tornava, ao mesmo tempo, "mais e menos exóticas do que realmente eram" (97), buscando conter (nas duas acepções do termo) seus integrantes em identificações dicotômicas: temíveis alienígenas ou garotos petulantes; animais selvagens ou bichinhos de estimação geniosos.

Por trás de tantas desfigurações midiáticas, residia a congenial incapacidade burguesa de imaginar o Outro, de lidar com a diferença. Em certos casos, a alteridade das subculturas espetaculares era extremada para além de qualquer possibilidade analítica; em outros, simplesmente negada, tratada como manifestação banal, pitoresca, chistosa. A imagem do cadáver de uma criança – suposta vítima da violência bestial dos punks – ocupara a primeira dos jornais ingleses, advertindo os pais da ameaça das ruas; os flagrantes da brutalidade juvenil eram contrabalançados, no entanto, por matérias que captavam detalhes da vida familiar e corriqueira dos punks – no fim das contas, bons rapazes, flagrados ao lado das mães, repousando (sorridentes) à beira da piscina... Aliadas à quilométrica série de produtos e acontecimentos com a grife punk, as histórias sobre a rendição dos músicos

[4] Para uma revisão do conceito sociológico de "pânico moral" e da sua relação com as culturas juvenis, consultar Freire Filho e Herschmann (2006).

às forças do mercado eram usadas, por toda a mídia, para transfigurar uma subcultura fomentada por contradições históricas reais em apenas mais um modismo, tão divertido quanto inócuo.

Resumindo os parágrafos anteriores: demasiadamente instáveis, marginais, vulneráveis, as subculturas espetaculares causavam barulho, conquistavam espaços culturais, atraíam os holofotes da mídia e a atenção das instituições dominantes da sociedade, ocasionavam, eventualmente, mudanças repressivas na esfera judiciária, estabeleciam novas convenções, criavam mercadorias, modismos e... feneciam.

As tentativas vorazes de apropriação seletiva da alteridade, de síntese diluente das diferenças, de colonização do "exótico" – turbinadas pela imprensa e pela indústria da música (através de seu aparato promocional, comercial e radiofônico) – não podem ser menosprezadas; tampouco devemos subestimar a capacidade dos espetáculos midiáticos de empacotar e mercantilizar a *marginalidade* e a *resistência* de uma maneira tal que reifica ideologias dominantes. Ainda assim, o relato clássico acerca da difusão-dispersão-obliteração das subculturas juvenis contém pontos bastante problemáticos.

A tese da aceitação passiva e coletiva de estilos mercantilizados, destituídos de coerência e substância, despreza as inúmeras possibilidades de apropriação criativa e política que os signos e o ideário subculturais *originais* podem receber em outros contextos temporais e territoriais. Uma subcultura pode ingressar na órbita comercial do entretenimento massivo, apenas para, em seguida, retornar a outros espaços subculturais (no seu foco primário de propagação ou alhures), reinvestida com pelo menos parte de seu ímpeto contestador inicial. Na irradiação e tradução da *matriz subcultural*, certas conotações críticas dos "progenitores do estilo" (Clarke, 1976: 185) são, por vezes, obscurecidas; nesse processo, contudo, podem ser enfatizados novos focos de dissensão e articulados novos sentidos coletivos, diretamente relacionados com questões e experiências (políticas, sociais, culturais, estéticas) locais.[5]

---

[5] Análises específicas sobre a influência e as distintas facetas dos movimentos punk, anarco punk, skinhead e hip-hop em diversas regiões do Brasil foram desenvolvidas por Abramo (1994), Alves (2004), Barros (2007), Bivar (1988), Caiafa (1989), Costa (1993), Herschmann (2000), Queiroz (2004), Ronsini (2007) e Sousa (1999).

O gosto dos outros

Em alguns casos, a crítica pós-Birmingham (um campo *coerentemente heterogêneo...*) pode ser apreciada como um bem-vindo corretivo para lacunas e momentos de maior rigidez analítica da teoria subcultural clássica, salientando a coexistência de correntes complexas de resistência e dominação *dentro* das próprias subculturas juvenis. "A resistência não é pura, mas mediada entre questões conflitantes de acomodação e oposição à ordem dominante – os resistentes, afinal, permanecem dentro do sistema social que eles contestam", concluiu Leblanc (1999), após uma pesquisa etnográfica com 40 representantes femininas das subculturas punk de Atlanta, Montreal, Nova Orleans e São Francisco. Na dupla condição de doutora em Estudos das Mulheres e integrante do movimento punk, a autora criticou a tendência das antigas análises subculturais de romantizar e glorificar a "macheza" como signo de rebelião. A proposta dos punks de rejeitar – através do deboche, da ironia e da paródia – as regras de uma sociedade que já os rejeitou comporta, simultaneamente, a contestação e a exaltação de aspectos da cultura *mainstream*, como a violência e a misoginia. O maior mérito de *Pretty in punk* é trazer à tona tais ambivalências, revelando os custos e as recompensas, os episódios de constrangimento e as possibilidades de auto-realização de adolescentes vinculadas a um movimento hipermasculinizado.

Como indicam os depoimentos das informantes, as garotas envolvidas com o punk se recusam a jogar o "jogo da feminilidade" – isto é, rechaçam o papel estereotípico de gênero que preconiza que as mulheres devem agir com doçura e passividade. Na subcultura, elas vislumbram a possibilidade de expressar e afirmar as facetas "masculinas" do *self* que a sociedade dominante suprime – "Ao ingressar numa subcultura dominada por homens, as adolescentes constroem formas de resistência aos modelos culturais dominantes de feminilidade, e agem assim num momento crítico do seu desenvolvimento" (13). Paradoxalmente, contudo, embora o punk habilite as meninas para resistir aos parâmetros tradicionais de conduta e beleza da sociedade *mainstream*, normas similares de dominação masculina e subserviência feminina existem dentro da própria subcultura; logo, as punks precisam se valer de uma "tripla reflexividade" para tentar desafiar tanto regras e valores da cultura *mainstream* quanto os padrões culturais e subculturais de feminilidade:

> A chave para a participação das garotas, eu creio, é a resistência. A resistência contra papéis de gênero deve ser considerada quando nós examinamos os desvios das meninas. Embora possa ser verdade que os homens usam a subcultura para celebrar e explorar a masculinidade, também é certo que algumas mulheres usam a subcultura para repudiar ou reconstruir a feminilidade. Estas são garotas duronas e garotas másculas, "meninas agressivas e assertivas". Elas podem não se aproximar das subculturas com estas qualidades já manifestas, mas serão certamente forçadas a desenvolvê-las, através de sua freqüente ocupação de roqueira. A adoção destas características tradicionais masculinas aumenta sua auto-estima, permitindo que elas reconstruam e expressem, de várias maneiras, a sua feminilidade, usando a variedade de recursos discursivos, estilísticos e comportamentais oferecidos pela subcultura punk (226).

Em sua pesquisa sobre as *culturas club* da Inglaterra, Thornton (1995) também procurou chamar a atenção para as sutilezas das interações e dos conflitos internos do universo subcultural. Sobressaem no seu estudo, entretanto, algumas das mais características armadilhas da revisão pós-subculturalista. Em vez de explicar, na esteira do CCCS, a lógica das escolhas estilísticas e musicais das *culturas club* em termos de sua oposição a "vagos corpos sociais" (3) denominados cultura paterna ou cultura dominante, Thornton se dedicou a mapear relações e hierarquias de gosto vigentes *dentro* da cena *rave* londrina; tais classificações permitiam a certos participantes se distinguirem como *underground* e *hip*, em contraposição a outros avaliados/construídos como *mainstream*, "vendidos", "falsos", "ilegítimos", "massificados".

Amparada numa releitura peculiar da obra de Pierre Bourdieu, a autora reduz todas as motivações e práticas de *clubbers* e *ravers* à lógica da disputa pelo acúmulo de *capital subcultural*[6], sem destrinchar, porém, a relação entre as nupérrimas hierarquias intra-subculturais e arraigadas clivagens sociais mais abrangentes.

---

[6] Conhecimentos, comportamentos e estilos que manifestam "autenticidade", "diferença", "singularidade" e "sofisticação", sendo recompensados com reconhecimento, admiração e prestígio dentro de uma subcultura. Definidos e distribuídos pela mídia, tais saberes e competências são materializados e corporalizados no corte de cabelo, na disposição da coleção de discos, no uso correto das gírias, no domínio "nato" dos últimos estilos de dança.

Com base em dados levantados por pesquisas empíricas sobre padrões de consumo na França dos anos 1960 e 70, Bourdieu ([1979] 1997) apresentou um novo modelo explanatório para o vínculo entre o universo das condições econômicas e sociais e a esfera dos estilos de vida, sublinhando a centralidade do consumo na criação e no perpetuamento das relações de dominação e subalternidade. As preferências e práticas rotineiras dos indivíduos seriam determinadas, em larga escala, pela história e estrutura objetiva do seu mundo social; estas escolhas e hábitos, por sua vez, contribuiriam, de modo involuntário, para a manutenção da estrutura hierárquica existente. O *sublime* território do gosto é redefinido, assim, como um campo de batalha em que a reprodução social e a legitimação do poder são exercidas de maneira camuflada: as atividades e os bens culturais favorecidos pela classe dominante são legitimados como *intrinsecamente* superiores pelas instâncias normativas controladas por esta mesma classe; concomitantemente, a preferência da classe dominante por tais artefatos e práticas é interpretada como índice de sua própria superioridade cultural *inata*.

Por adquirirem sua competência cultural num ambiente familiar privilegiado, as classes superiores têm maiores chances de experimentá-la mental, física e emocionalmente como uma segunda natureza. Sua maior *familiaridade* com estilos e gêneros valorizados socialmente permite manejá-los com adequação e desembaraço em qualquer oportunidade. Cada uma de suas escolhas estéticas, cada um dos seus atos de consumo parecem refletir um inefável senso do que é certo, apropriado, de bom gosto. Sua capacidade de apreciar as "artes maiores", determinada por fatores sociais (como o aprendizado total – precoce e insensível – efetuado na primeira infância e prolongado por um ensino escolar que o pressupõe e arremata), tende a ser reinterpretada como sinal de uma preeminência mais intrínseca – um *dom natural*. Esse modo de aquisição cultural que deixa menos visíveis os traços de sua gênese foi definido, de forma lapidar, por Bourdieu, como o "novo mistério da Imaculada concepção" (73).

Embora lance mão de conceitos e do quadro geral de referência do sociólogo francês, *Club cultures* refuta a correlação entre distinções subculturais e classe social. Quando o fundamento de classe do capital subcultural parece emergir em seu relato etnográfico, Thornton se apressa em desarticulá-lo: somos informados, por exemplo, que os integrantes da *cultura club* de gosto menos sofisticado (ou mais popular) são comumente discriminados sob o rótulo de "Sharon e Tracy dançando com suas bolsas de mão" – a referência desabonadora poderia ser lida como uma metáfora para "mulheres respeitáveis da classe trabalhadora"; a "bolsa de mão", especificamente, figuraria como um símbolo "das amarras sociais e financeiras da dona de casa" (101). Por trás desses estereótipos, autora é capaz de reconhecer conflitos geracionais e genéricos, ao mesmo tempo que negligencia o subjacente preconceito (ou etnocentrismo, como diria Bourdieu) de classe. Numa crítica direta à Escola de Birmingham, Thornton adverte que não devemos acolher literalmente os discursos da juventude – afinal, "eles não são uma janela transparente para o mundo" (100). Lamentavelmente, porém, a pesquisadora não deu ouvidos ao seu próprio ajuizado conselho, deixando-nos com a impressão de que, inadvertidamente, tomou como fato concreto a "fantasia da ausência de classe" (12) divulgada pela juventude *clubber*.[7]

---

[7] Apesar de ser assumidamente influenciada pelo trabalho de Thornton, a pesquisa de Sabóia (2003) sobre a cena *club* e *rave* paulistana deixa transparecer, com maior clareza ainda, como velhas divisões sociais se conectam com formas mais novas de hierarquia subcultural. De acordo com o autor, os *clubbers* de classe média-alta ("da moda", "descolados", "autênticos") empregavam os qualificativos "*clubber*-favela", "*clubber*-flanelinha" ou "*cybermano*" para rotular jovens oriundos da periferia que "invadiam" eventos e clubes noturnos localizados em áreas nobres da cidade, como os Jardins e a Vila Olímpia.

Num depoimento a respeito dos bastidores das grandes raves no Brasil, o DJ Feio destacou a diferença de conduta entre os dois grupos *clubbers* antagônicos: "**A festa deste ano vai ter algum esquema especial para impedir esse tipo de coisa *[furto de carros]*? Dizem até que existem os 'cybermanos' que roubam a decoração do evento.** Com os cybermanos não existe a intenção do roubo, e sim da lembrança. Eu acho que eles dão menos trabalho que outras pessoas. Eles trabalham, têm um dinheiro contado, ficam no cantinho deles, sentem até vergonha de interagir com pessoas de outras classes sociais. O problema é o público que tem grande poder aquisitivo. Se você não dá convites se acham super-humilhados, ficam irritados. Eles bebem até cair no chão, têm dinheiro para comprar drogas, enquanto o cybermano só tem grana para tomar uma catuaba, uma pinga com coca-cola, ou seja, eles são os mais pacatos e os que mais se ferram para chegar nas (sic) festas. Os ricos só reclamam, aprontam, metem a mão no refrigerador e dizem que são amigos meus. É o que eu digo, intimidade é uma merda. Os VIPs se sentem 'donos'" (http://www.terra.com.br/musica/2002/08/23/010.htm).

Sob o princípio do prazer

Recorrendo a um clichê, Thornton classifica os jovens da sua pesquisa como "os filhos de Thatcher" – "radicalmente conservadores", bem-versados nas virtudes da competição, venerando como "heróis culturais", em vez de poetas e ativistas políticos, os empreendedores que impulsionaram as casas noturnas e os novos selos da indústria fonográfica. Sob o eventual discurso politizado dos *clubbers*, a autora identifica, invariavelmente, a trama da distinção subcultural:

> Estas questões são obscurecidas pela inclinação que as subculturas têm para apropriarem-se da retórica política e frequentemente se referirem a "direitos e liberdades", "igualdade e unidade". Isto pode ser visto como uma estratégia através da qual questões políticas são mencionadas com intuito de conferir às atividades de lazer juvenil aquele "que" a mais, um sentido de independência, até mesmo de perigo. Isto é menos evidência da politização da juventude do que testemunho da estetização da política (167).

Sua descrição se coaduna, de certa maneira, com a de outros teóricos pós-CCCS (notadamente, com a dos discípulos de Baudrillard) que enxergam nas novas culturas juvenis "apenas outra forma de jogo despolitizado dentro da redoma de prazer pós-moderna, onde a ênfase recai sobre as qualidades superficiais do espetáculo, em detrimento de qualquer ideologia subjacente"; "os ornamentos do estilo espetacular são o seu direito de admissão para uma festa à fantasia, um baile de máscaras, uma escapada hedonista numa quimérica Cultura do Bombardeamento, caracterizada pela indiferença política" (Muggleton, 2002: 49).

> Esta é uma "geração vazia", perdida num mundo de prazeres orgiásticos. A velha linguagem de resistência, empoderamento e identidade (...) era redundante em face de uma subcultura socialmente diversificada. O problema mais comum para os críticos que tentariam interpretar a cultura club era a emergência de uma cena sem estrelas e espetáculo, mirada e identificação. Aqueles que procuravam entender esta subcultura em termos de uma política de usos e estilo erravam inteiramente o alvo; os lugares que a cultura club ocupou e transfor-

mou através de Êxtase e viagem representam uma fantasia de liberação, uma fuga da identidade. Um lugar onde ninguém está, mas ao qual todos pertencem (Melechi, 1993: 37).

Seguindo por esta mesma trilha, Reynolds (1997) define a *cultura rave* ("um evidente oximoro", do ponto de vista humanístico) como "a mais exemplar experiência pós-moderna (cultura sem conteúdo, sem um referente externo)", devido à sua falta de objetivo e objeto, ao seu culto da aceleração, à sua criação de "sensações sem pretexto ou contexto", à sua "celebração tautológica da celebração", ao seu "excesso de energia mobilizado para nenhuma finalidade (exceto encher os bolsos do promotor)", à sua busca por estados alterados da mente totalmente destituída da espiritualidade milenarista dos hippies dos anos 1960 e dos rastafáris... Se o rock está ligado à noção de "ressonância" (com suas conotações psicológicas/sociológicas), a *rave* teria mais a ver com freqüências – "trata-se de uma música orientada para o impacto, em vez do afeto" (90). A cultura *rave*, arremata Reynolds, nunca esteve relacionada com a mudança da realidade, mas exclusivamente com a auto-exclusão dela, por algum tempo:

> Neste sentido, a *rave* é realmente um tipo de corrida de aquecimento ou fase de aclimatação para a realidade virtual; ela está adaptando o nosso sistema nervoso, acelerando o nosso aparato sensório e perceptivo, arregimentando-nos em direção a uma subjetividade pós-humana, que a tecnologia digital requer e engendra (90).

Outros autores elaboraram interpretações mais ambivalentes ou francamente otimistas das *raves* e da *cultura club*, alicerçados numa redefinição do papel político do *prazer* – um tema altamente embaraçoso, muitas vezes evadido ou tratado perifericamente no campo da teoria social, em benefício de questões avaliadas como mais prementes ou socialmente relevantes, como o desemprego, a fome, a dor, o abandono. Quando enfocado um pouco mais detidamente, o *prazer* costuma causar indisfarçáveis reações de desprazer – principalmente, entre os críticos interessados na formulação/identificação de novas demandas e necessidades revolucionárias, em meio à crescente mercantilização de desejos e satisfações emocionais e sexuais. Em suas egrégias reflexões a respeito da indústria cultural e da música popular, Adorno e Horkheimer buscaram, com afinco, demarcar a fronteira entre prazeres essenciais, genuínos, emancipatórios e a diversão espúria (ou "bárbara"), as "falsas necessidades" e gratificações alienantes da cultura do consumo, anatematizando a degradação do tempo livre na esfera licenciada e 'mercadorizada' do lazer. Movida por preocupações distintas, Mulvey (1975) decretou, sem meias-palavras, a necessidade da "destruição do prazer" (6), num gesto de repúdio radical às conexões entre o prazer do público dos filmes hollywoodianos e a afirmação do poder masculino do "direito de olhar", uma prerrogativa cujo principal objeto era o corpo da mulher – ou, mais precisamente, a mulher *como* corpo.

No livreto *Le plaisir du texte* (1973), Roland Barthes delineou a mais notória contraposição às condenações inapeláveis do prazer – sempre vigiado, segundo ele, pelo "policial político" e pelo "policial psicanalítico": "futilidade e/ou culpabilidade, o prazer é ocioso ou vão, é uma idéia de classe ou uma ilusão" (68). Num exercício de cartografia ideológica do qual não avultam inocentes, Barthes rechaçou a mitologia que faz acreditar que o prazer é uma noção ou bandeira de direita:

> A direita despacha para a esquerda, num mesmo movimento, tudo o que é abstrato, enfadonho, político, e guarda, para si, o prazer (...) E à esquerda, por uma questão de moral (esquecendo-se dos charutos de Marx e Brecht), suspeita-se, desdenha-se de qualquer "resíduo de hedonismo". À direita, o prazer é reivindicado *contra* a intelectualidade, o clericato: é o velho mito reacionário do coração contra a cabeça, da sensação contra o raciocínio, da "vida" (quente) contra "a abstração" (fria). (...) À esquerda, opõe-se a "simples deleitação" ao conhecimento, ao método, ao compromisso, ao combate (e se o próprio conhecimento, todavia, fosse delicioso?). Dos dois lados, a idéia bizarra de que o prazer é coisa simples, e é por isso que o reivindicam ou desprezam-no (34-35).

Conforme registra Jameson (1988), o panfleto de Barthes (ainda que comporte aspectos questionáveis, analisados mais adiante) teve o mérito de legitimar a discussão aberta do prazer como uma problemática de interesse da esquerda, no contexto de uma percepção mais ampla, emergente nos anos 1960, de que o marxismo tradicional tinha falhado na abordagem de uma série de questões essencialmente existenciais: "a morte e o sentido da vida; todo o domínio do inconsciente; religião; a Utopia; toda a área da vida cotidiana e suas qualidades ou modos de alienação, a discussão se uma política do cotidiano era concebível; finalmente, a Natureza e o ecológico" (67).

A reabilitação do prazer constitui, conforme apontei antes, a base para as reavaliações da dimensão política da *cultura club*, compreendida (com o auxílio do próprio Barthes e/ou de Bakhtin, Maffesoli e Foucault) como uma refutação ou um escape prazenteiro da hiper-racionalização e burocratização da vida cotidiana. "Pertencer à cultura club não tem a ver com apatia, é uma rejeição de um mundo que desapontou os *clubbers* e um movimento no sentido da criação de uma nova visão de mundo – mesmo que apenas por um final de semana" (Hutton 2006: 12). "A dança poderia ser vista", complementa Malbon (1998: 270), "como uma declaração corporalizada pelos *clubbers* de que eles não serão dragados pelas pressões do trabalho, pela velocidade e pelo isolamento urbano, pela frieza das relações interpessoais que encontramos em muitos espaços sociais da cidade". Num artigo de caráter mais indiscriminadamente afetuoso (bem típico do *Journal of Popular Culture*, onde foi publicado), Martin (1999) pondera:

> Se nós aceitarmos que a diversão pode ser política, então participar das *raves* pode ser uma prática política que desafia nossas próprias noções acerca de nós mesmos. Ela subverte imagens dominantes de subjetividade e disciplina, e declara que a política não tem que ser negativa, nem tem que ser confinada em salas de comitês, e que protestos não têm que ser raivosos. Participar das *raves* demonstra que uma asserção positiva de valores e práticas, que mudam a maneira com que uma vasta parcela da população conduz as suas vidas, pode ser mais construtiva e afirmativa do que qualquer participação política no sentido tradicional (92).

Alguns observadores (Hetherington, 1988; St. John, 2004; Taylor, 2001) detectam nas festas abertas ao ar livre (muitas vezes, clandestinas) um espírito carnavalesco, um espaço limiar (no sentido antropológico do termo), propício a inversões hierárquicas, congraçamentos comunitários e desafios jocosos a convenções e regulações da ordem social, moral e legal.

> A cooptação do espaço e a sua liberação temporária da estrutura social eram absolutamente centrais para o feitio transgressivo da antiga cultura *rave*. (...) Ao transformar um espaço físico num momento festivo, as *raves* geravam a possibilidade de uma experiência musical que não era mais guiada exclusivamente pela lógica da ordem socioeconômica. Com a propriedade e o controle deslocados por um tempo, o momento festi-

> vo da *rave*, como o carnaval descrito por Bakhtin, celebrava liberações provisórias da verdade e da forma prevalentes na ordem estabelecida e marcava a suspensão de todas as classificações hierárquicas, privilégios, normas e proibições (Ott e Herman, 2003: 254).

O próprio significado ideológico da "perda de si" nas *raves* (caracterizada pela "junção de corpos em estado de êxtase") é revalidado, com o amparo da noção barthesiana de *jouissance*:

> O corpo é um local-chave para o controle social e, logo, um dos espaços mais disciplinados dentro de qualquer estrutura social. O controle social se apóia, em alguma medida, no autocontrole (o corpo agindo dentro das convenções e normas predominantes), e autocontrole implica sujeitos individualmente constituídos. O apagamento temporário da individualidade incitado pela música *trance* representa, portanto, a perda do autocontrole, ou mais acuradamente, o prazer do corpo fora de controle. É também uma perda do controle social – uma "evasão da ideologia" *[conceito de John Fiske]*. A *jouissance* descreve uma *maneira* de experienciar música, e embora outros tipos de música *possam* ser experimentados desta forma, o contexto freqüentemente funciona no sentido de inibi-la (...) Nas *raves*, entretanto, não há artista ou audiência, apenas o corpo sujo e descentrado. Sujeira não deve ser tomada, aqui, em seu sentido literal, mas numa referência à desordem, como na mistura de categorias, à desconstrução do artista e da audiência, à dissolução do *self* no corpo extático (idem: 257-258).

Como se pôde notar, o conceito de *resistência*, em vez de ser meramente descartado, é revisto e reformulado por autores preocupados em provar que há mais do que "mero ecletismo ou cinismo" na condição pós-moderna (Ueno, 2003: 108). Não se trata, para a maioria, de reprisar "qualquer idéia esquerdista, clássica de subversão" (idem: 103), de um "movimento passivo ou reativo contra o bloco-do-poder", mas de propor uma noção de *resistência* "plural, diversa, polimorfa", vinculada a experiências (mesmo que temporárias) de empoderamento e reatualização significativa do *self*, de relativização de identidades e de recusa das formas "normais" ou convencionais de comunicação e relacionamentos sociais cotidianos.

No espaço das casas noturnas, com seus rituais e sua intensiva sociabilidade, os jovens se deparariam com

> uma mistura única de prazeres (musical, tátil, sensual, emocional, sexual, químico, corporal), um potencial para atividades ilícitas, a estimulação da experiência através da proximidade com a diferença (e, especialmente, em estar tão perto de quem, em outros contextos, eles encarariam como "estranhos" e, portanto, potencialmente um "perigo") (...) É aqui, nesta criação de um espaço próprio, que nós encontramos resistência, não como uma luta contra uma cultura dominante hegemônica (...), mas resistência localizada nas mais minuciosas sutilezas do pertencimento à cultura club, nas maneiras de integrar a cena – sua *arts de faire [referência às "artes de fazer", de Certeau]*. Isto é resistência num micronível, no nível da vida cotidiana, onde o não-dito é aquilo que une o grupo, onde o desejo de estar com outros é manifesto, e as diferenças são abordadas. Isto é resistência tal qual encontrada na dinâmica e excitante combinação de músicas, na efêmera pausa antes de o DJ descarregar o baixo, na semivisibilidade de uma escura pista de dança, em tomar Êxtase (ou não tomar Êxtase), em vestir-se de certa maneira, nos efeitos emocionais e empáticos, na proximidade estreita com centenas de outros, não necessariamente como você, mas que compartilham, pelo menos, o desejo de estar exatamente lá, precisamente agora. Isto é a resistência encontrada através da perda de si mesmo, paradoxalmente, para encontrar-se (Malbon, 1998: 280-281).

A alteração, o embaralhamento ou a recodificação de identidades sexuais e genéricas se destaca como um tópico recorrente na retratação do *caráter desafiador* da *cultura club*. "A pista de dança das *raves* (...) é um dos poucos espaços que permitem – e, de fato, encorajam — exibições ostensivas de prazer físico", prazeres que "não se 'ajustam' com definições padrões, patriarcais de sexualidade e erotismo", salienta Pini (2001), em sua análise feminista da importância da cultura *rave* londrina como um lócus para a configuração de novas identidades femininas 'empoderadoras'. Na visão da doutora em Mídia e Comunicação pelo Goldsmiths College, o universo das *raves* se afigurava como particularmente atraente para uma investigação acerca dos novos modos de feminilidade, porque são espaços limiares, em que um conjunto de regras e procedimentos garante certo nível de segurança e liberdade às mulheres dispostas a usar drogas e a escapulir das pressões para *embonecar-se* e manter relações heterossexuais. Etnografias e entrevistas com 18 freqüentadoras da cena de música eletrônica londrina teriam comprovado que, realmente, imagens e conotações tradicionais de feminilidade (atreladas às noções de "lar", "maternidade" e "submissão") são deslocadas dentro daquela subcultura – sob as ("novas, hilariantes e, às vezes, assustadoras" (15)) possibilidades para experimento do *self*, ligadas à valorização e celebração do direito à "aventura", à "loucura" e ao "auto-erotismo", inserem-se oportunidades para a contestação dos contornos da feminilidade sexual normativa; condições para explorar e expressar "prazeres e sentidos de si mais fluidos" (16). Ao mesmo tempo, Pini faz questão de frisar que, contrariando as interpretações pós-modernas menos embasadas, as identidades vinculadas ao sexo, à raça e à classe social não tendem a "desaparecer" no âmbito das *raves* – embora possam ser, de fato, reelaboradas nestes espaços liminares, elas continuam vigentes.

Entre perdas e ganhos...

As afiliações culturais juvenis guardam nuanças diversas, toda uma série de dubiedades intrigantes que só um ato de violência teórica pode reduzir à homogeneidade de uma narrativa única. Como foi esmiuçado nos parágrafos anteriores, o foco dos teóricos de Birmingham se concentrava nos processos de estilização realizados por jovens da classe trabalhadora, enfatizando a homologia (o *encaixe simbólico*) entre os diversos componentes do estilo subcultural. O olhar programado para apreender a *grande coerência subcultural* não atinava, muitas vezes, com as contradições e os conflitos internos dos agrupamentos juvenis investigados. Igualmente problemática era a asserção de que a "resistência através de rituais" (de auto-apresentação, consumo, lazer) estava fadada ao fracasso ou a um "trágico limite" (Willis, 1978), por não atacar de frente aspectos essenciais da vida e da política. Tal perspectiva, como frisa Fornäs (1995), subestima a repercussão social da estilização, dos discursos e das estruturas simbólicas das subculturas:

> Alguns dos seus experimentos culturais têm contribuído para importantes transformações mentais e ideológicas na sociedade, com efeitos amplos, porém difusos, que vão muito além das pessoas direta-

> mente envolvidas nelas. Suas contestações de estilos de vida "normais" inventaram novas formas possíveis de identidade, num processo que não compete com sindicatos ou partidos políticos, visto que elas ocorrem em um campo bem distinto, mas que afetam fortemente os potenciais emancipatórios de futuros movimentos sociais (108).

No afã de construir uma crítica peremptória da grande narrativa marxista da *resistência juvenil* formulada pelo CCCS (ou, pelo menos, da versão algo estereotipada que se conservou dela), teóricos pós-subculturalistas evocam, por sua vez, a narrativa-mestra da pós-modernidade, elaborando diagnósticos bipolares das culturas juvenis contemporâneas. Em alguns casos, a ênfase retórica recai sobre o "hedonismo", o "cinismo", o "consumismo" e a "apatia política" dos "filhos de Thatcher (e Major)", submissos ao canto da sereia neoliberal e às forças do mercado – com toda a declarada manifestação de dissenso sendo interpretada como mero *jogo de cena*... Sem se dar conta, tais pesquisadores acabam endossando um antigo parecer de Guy Debord – no clássico *A sociedade do espetáculo*, o pensador francês já pontificara que o próprio conceito de *juventude*, no sentido de "mudança daquilo que existe", era uma espécie de anacronismo (Debord, [1967] 2006: 787).

Outros estudiosos pós-Birmingham preferem, no entanto, realçar a criatividade, os experimentalismos, o agenciamento individual dos membros flutuantes das neotribos, num cenário de relativa indeterminação estrutural, amplificada saturação midiática e múltiplas possibilidades de escolha e identificação. Mesmo se admitindo mudanças no significado (inter)subjetivo da classe social, é bastante incômoda a desatenção (ou, mesmo, o desdém programático) destes autores em relação às desigualdades socioeconômicas objetivas. O papel do posicionamento de classe como elemento de diferenciação dentro das culturas juvenis é omitido ou rechaçado, sem mais delongas, em vez de ser analisado na sua intersecção complexa com outros fatores socioculturais relevantes como gênero, etnia e raça. A questão do prazer, por sua vez, é justificadamente trazida à tona; ainda que sejam significativas em si mesmas, as apropriações carnavalizantes dos espaços físicos e as experimentações identitárias e corporais costumam ser abordadas, entretanto, de uma maneira bastante míope, exclusivamente centrada num nível individual e local, sem que seja aprofundada a sua dimensão prefigurativa de utopias e transformações sociais mais abrangentes.

O futuro(ainda) dura muito tempo

Na verdade, tanto os estudos subculturais clássicos quanto as revisões pós-subculturalistas tendem a negligenciar, por razões distintas, as tentativas (subculturamente motivadas) de engajamento juvenil em atividades de compleição mais macropolítica, que complementam, desdobram ou ultrapassam a resistência simbólica ou a política do prazer e do corpo. Refiro-me, por exemplo, à ligação – episódica ou duradoura – de diversos grupos e tendências punks com uma série (às vezes, incongruente) de organizações políticas anarquistas, socialistas, comunistas e com campanhas e protestos contra o racismo, o sexismo, o autoritarismo, o imperialismo estadunidense, o neonazismo, a brutalidade policial, a violação dos direitos dos presos e dos homossexuais, a proibição do aborto, a guerra civil na Nicarágua, a Guerra do Golfo e no Iraque, o governo Bush, entre outras questões locais e/ou globais.[8]

A partir de 1978, as letras de influentes bandas inglesas como The Clash, The Gang of Four, The Jam, Tom Robinson Band e Stiff Little Fingers se tornaram ostensivamente políticas, de apoio a movimentos pacifistas, libertários ou revolucionários (como o dos sandinistas), passando a ser reproduzidas, com freqüência, na contracapa dos discos – caminho trilhado, posteriormente, por grupos como Bad Religion, Los Crudos, Pennywise, Rancid, Fugazi, entre outros. Conexões mais explícitas entre facções e dissidências do movimento punk e bandeiras políticas se manifestam também à direita, com jovens militantes adotando crenças e atitudes xenófobas, fascistas e nazistas, em vários cantos do globo (Brown, 2004; Davis, 1996; Frith e Street, 1992; Goshert, 2000; Longhurst, 1995: 115-120; Negus, 1996: 19).

A despeito de intensa censura e perseguição governamental, sons e imagens do punk foram apropriadas, ao longo dos anos 1980, por jovens que viviam sob o regime totalitário de países como Hungria, Tchecoslováquia, Polônia e Alemanha Oriental, convertendo-se num canal de tentativa de resistência à repressão política e de independência em relação à cultura

---

[8] Uma curiosidade acadêmica: durante o conflito no Golfo Pérsico em 1991, a lendária revista punk MAXIMUM ROCKNROLL lançou o EP *New World Order: War #1*, contendo duas "músicas de resistência" do Bad Religion e a reprodução de uma análise da conjuntura política internacional efetuada, em tom monocórdio, por Noam Chomsky.

promovida pelo Estado – que incluía, em alguns casos, bandas de rock sancionadas oficialmente (Mitchell, 1996: 95-135; Ryback, 1990).

No Brasil, desde a chegada do movimento no final dos anos 1970, os punks tendem a identificar-se com personagens explorados e marginalizados, que expressam sua revolta contra o sistema e as autoridades por meio de greves, passeatas, quebra-quebras etc. No início da década de 1980, bandas com os sugestivos nomes de AI-5, Desordem, Detenção, Guerrilha Urbana e Passeata circulavam pelo ABC; algumas gangues da região trajavam, como roupa característica, o macacão operário. No meio de uma reunião de punks paulistas, em 1982, um grupo começou a gritar: "Lula é punk!"; nas eleições daquele ano, quase todos votaram no PT. Os punks nativos participaram, ainda, de shows da Campanha Diretas-Já e de arrecadação de fundos para a Nicarágua (Abramo, 1994: 114-115; Bivar, 1988: 93-114).

Assistimos, hoje, ao envolvimento ativo de punks e anarco punks em manifestações, passeatas, protestos... "Atualmente o movimento atua com outros oprimidos grupos como: homossexuais, por achar que todos têm o direito de opção sexual sem serem discriminados; grupos de negros, feministas e outros grupos de atividades alternativas e libertárias", confirma o site do Movimento Anarco Punk do Rio de Janeiro (www.maprj.org.br).

Ao lado de sem-teto, moradores de favelas e estudantes, os punks cariocas participaram, em agosto de 2000, da "invasão pacífica" do Shopping Rio Sul – forma inédita de protesto contra a desigualdade social e o consumismo, idealizada pela Frente de Luta Popular (fórum de entidades criado para elaborar "novas alternativas de luta"). Durante o assim denominado "passeio" de cinco horas pelo complexo de comércio e lazer, os cerca de 150 manifestantes visitaram lojas, experimentaram roupas, ocuparam a praça de alimentação (comendo pão com mortadela), encenaram performances, leitura de poesias, rodas de capoeira e representações teatrais, diante de vendedores e compradores visivelmente constrangidos; no fim da tarde, o grupo seguiu em passeata até o Palácio Guanabara, onde seus representantes foram recebidos pelo secretário de Governo (*Folha de S. Paulo*, Cotidiano, 05 ago. 2000, p. 6; *Jornal da Tarde*, Geral, 05 ago. 2000, p. 2).

Pouco tempo depois, as manifestações nacionais do "Dia Mundial Contra o Capitalismo" também contaram com a ruidosa adesão de grupos punks, acompanhados de ecologistas, estudantes, aposentados e sindicalistas. Em

Brasília, integrantes do Movimento Punk Anarquista e do Movimento Straight Edge portavam faixas com mensagens como "Boicote à dívida externa" e "Fora, Alca, Bird, OMC e multinacionais"; em São Paulo, os protestos "contra os fundamentos do sistema vigente, como a globalização e o capitalismo" provocaram conflito com a polícia e 17 prisões, após uma dúzia de punks ter destruído as placas comemorativas dos 110 anos da Bovespa (*Correio Brasiliense*, Economia, 27 set. 2000, p. 1; *Folha de S. Paulo*, Dinheiro, 27 set. 2000, p. 4; *Jornal da Tarde*, Economia, 27 set. 2000, p. 1).

Em 20 de abril de 2001, punks e anarco punks se sobressaíam dentre os cerca de 2.000 ativistas que protestavam, na Avenida Paulista, contra a Alca e a globalização. Os manifestantes fizeram batucada, apitaços, performances, distribuíram folhetos, bradaram palavras de ordem ("A rua é do povo, vamos ocupar!"), picharam e apedrejaram os prédios da Fiesp, da Caixa Econômica Federal, do Itaú, as lojas do Bob's e do McDonald's; a tropa de choque da Polícia Militar interveio, com sua proverbial delicadeza e sagacidade – após 40 minutos de tumulto, 69 pessoas foram presas e mais de cem ficaram feridas (*Folha de S. Paulo*, Brasil, 21 abr. 2001, p. 13; *O Estado de S. Paulo*, Geral, 21 abr. 2001, p. 13; *Folha de S. Paulo*, Folhateen, 04 de jun. 2001, p.6-7).

A marcha contra a corrupção e o apagão, realizada em Brasília, em 26 de junho de 2001, foi o evento que, provavelmente, deu maior destaque midiático às ações políticas dos punks. O ato de protesto contra o Governo Fernando Henrique Cardoso reuniu cerca de 70 mil pessoas em frente à Esplanada dos Ministérios. Punks e militantes de partidos de esquerda entraram em conflito com o aparato de segurança da Polícia Militar. Os 4.200 soldados da cavalaria e do batalhão de choque da PM usaram balas de borracha, bombas de gás lacrimogêneo e um carro blindado Brucutu para dispersar os manifestantes, que responderam com paus, pedras e garrafas. O confronto durou cerca de uma hora, deixando um saldo de nove feridos e seis presos. O então presidente em exercício, Aécio Neves, responsabilizou os punks pelo tumulto: "Os partidos que organizaram o protesto e os manifestantes agiram de uma maneira adequada, ordeira e democrática. O que fugiu do normal foi o ato de um grupo que não fazia parte da manifestação" (*Correio Brasiliense*, 28 jun. 2001, p. 1, 6-9; *Folha de S. Paulo*, 28 jun. 2001, p. 1 e A8; *O Estado de S. Paulo*, Cidades, 01 jun. 2001, p. 13; *O Globo*, 28 jun. 2001, p. 1 e 3).

Mais exemplos? Em 8 de setembro de 2004, carregando faixas com os dizeres "Falsa independência" e "Mais armas, mais fome", os punks de Recife dividiram as ruas da cidade com quilombolas, índios, violeiros, sem-terra e sem-teto, durante os protestos contra o desemprego e a desigualdade social que marcaram o 10º Grito dos Excluídos (*Correio Brasiliense*, 08 set. 2004, p. 2; *O Estado de S. Paulo*, Nacional, 08 set. 2004, p. 1). No último Fórum Social Mundial, em Porto Alegre, outro episódio digno de nota: 49 componentes de um grupo punk formado por brasileiros, argentinos e uruguaios foram detidos pela polícia gaúcha – uma informação anônima advertira que os jovens (seis menores) planejavam lançar coquetéis molotov, numa ação denominada "Dia do Ajuste" (*O Estado de S. Paulo*, Nacional, 29 jan. 2005, p. 1; *O Globo*, Economia, 23 jan. 2005, p. 23).

Como sublinham Abramo (1994: 115) e Souza (1999: 185-186), em que pesem o estilo crepuscular, as letras niilistas e as declarações escatológicas, o movimento punk, em suas atividades e práticas cotidianas, não se confunde com um grito de desistência, um convite à passividade ou um desejo de destruição absoluta da sociedade, configurando-se, por vezes, num chamado ao combate contra o sistema social e as formas de oposição institucionalizadas.

Mesmo para jovens pouco afinados com a música ou o visual punk, a índole antiestabelecimento e a filosofia "faça você mesmo" do movimento têm encorajado a constituição de novas comunidades instáveis de dissenso artístico, social e político. Amálgama instigante de características das subculturas e das contraculturas tradicionais (tal qual definidas pelo CCCS), as chamadas "novas formações de protesto subcultural" (Weinzierl e Muggleton, 2004: 13-16) se valem de modos de articulação e geração de identidades subculturais, engajando-se, contudo, em questões macropolíticas; operando, ao mesmo tempo, ideológica e hedonisticamente, compatibilizam abordagens e demandas particulares com uma dimensão de crítica e antagonismo universal.

Embora partilhem com os novos movimentos sociais que emergiram a partir dos anos 1960 (arregimentados em torno de vários tipos de questões humanitárias, de cidadania e de "qualidade de vida", de políticas culturais e de identidade) uma forma não-convencional de participação política, distinguem-se por visarem explicitamente o cerne das políticas econômicas do turbocapitalismo, que imperam sobre mais de cem países, intensificando a exploração dos trabalhadores, exacerbando desigualdades sociais, em vez de distribuir os benefícios da prosperidade e erradicar a pobreza, como haviam prometido seus artífices, porta-vozes e relações públicas (pensadores da área comercial e econômica, ministros da Fazenda, altos executivos de empresas, lobistas corporativos, jornalistas...).

Os alvos dos novos contestadores são menos os Estados-Nação do que as instituições da globalização cultural e econômica, como a Organização Mundial do Comércio, o Fundo Monetário Internacional, o G-8 e as grandes corporações transnacionais que empunham a bandeira do "livre comércio" e preconizam a agenda de desregulamentação governamental, privatização, redução de salários e de investimentos públicos em setores como educação e saúde.

A exemplo das subculturas clássicas, as formações de protesto pós-subcultural se definem em oposição à cultura hegemônica dos pais. No caso, o "fundamentalismo" ou "consenso de mercado" neoliberal – a crença inquebrantável no caráter deífico e intrinsecamente democrático do Mercado, restando aos governos (democraticamente eleitos) parca margem de influência política legítima nas questões da economia doméstica, além do controle da inflação e dos cuidados para que o capital possa circular sem grandes amolações.

Os novos grupos de afinidade juvenil parecem cientes, porém, dos riscos da (cada vez mais célere) apropriação mercadológica do estilo e de que a apologia da autogratificação, da ironia e do cinismo não contradiz mais a ética e as estruturas do sistema capitalista, tendo sido absorvida pelo paradigma do *branding* pós-moderno; logo, inclinam-se a favorecer a ação política direta, em detrimento das "guerrilhas semiológicas" do estilo. Conforme observa Clark (2003: 232-233), as *performances* da anarquia simbólica e visual dos códigos de conduta, vestuário e consumo da cultura dominante perderam terreno, próximo à virada do século, para a *prática* do anarquismo no olho das ruas...

Muito já foi escrito, com justeza, acerca da relação entre os avanços tecnológicos na área da comunicação e as novas modalidades de consumismo, as novas formas de fetichismo da mercadoria. Paralelamente, no entanto, à promoção do comércio e do mercado global no ciberespaço, prospera o uso da comunicação baseada no computador como plataforma para elaboração e disseminação de estratégias contra-hegemônicas no espaço físico real. É difícil exagerar, por exemplo, a importância da internet na organização e divulgação dos atos de desobediência civil e das ações coletivas de rua contra a globalização capitalista (alcunhada, por seus opositores, de "corporarização", "neocolonialismo pós-moderno" ou "globaritarismo"). Sites de organizações independentes, listas de discussão e e-mails se consolidaram, ao longo dos anos 1990, como ferramentas essenciais para o estreitamento dos vínculos e o aprimoramento dos métodos de ação dos militantes, servindo para: 1) a divulgação de informações acerca das prerrogativas e atividades das instituições econômicas e corporações globalizadas (raramente discutidas, de forma crítica, na grande imprensa); 2) o intercâmbio de experiências sobre a realização de encontros e eventos; 3) a mobilização e o recrutamento em massa de indivíduos dispersos geograficamente.

Além disso, a internet oferece relatos, fotos, testemunhos e pontos de vista mais diversificados sobre as motivações e os desdobramentos dos "carnavais anticapitalistas", em contraste com a cobertura da corrente central da mídia, que costuma enfatizar os "atos irracionais de desordem", o "caos no trânsito", a "destruição do patrimônio público", os "atentados contra a propriedade privada", minimizando a violência policial e silenciando ou diluindo as perspectivas críticas dos insurgentes – afinal, como levar a sério as reivindicações de um bando de vândalos e lunáticos exóticos, contrários aos desígnios do mercado, este santuário da sensatez?

Interligados pelas novas tecnologias da comunicação, membros e simpatizantes da *cultura club* vêm lutando, em vários pontos do mundo, por seu direito de festejar – e discordar. Um infame Ato de Justiça Criminal promulgado em 1994 autorizou à polícia britânica, entre outras providências, deter, revistar e prender (supostos) promotores e participantes de *raves* (definidas, de forma canhestra, como eventos animados por "músicas total ou predominantemente caracterizadas pela emissão de uma seqüência de batidas repetidas"). As medidas draconianas levaram a cena da música eletrônica a sedimentar alianças com subculturas mais politizadas e igualmente insatisfeitas com o aumento de práticas e espaços passíveis de serem qualificados (e criminalizados) como hostis à ordem pública. Os *ravers* se uniram a ocupantes ilegais de propriedades privadas, a "ecoguerreiros" que batalhavam contra a pavimentação de áreas florestais e aos chamados viajantes da Nova Era (discriminados por seu estilo de vida nômade) – todos eles potenciais alvos da nova legislação repressiva (Huq, 1999; Klein, 2002: 340).

Mescla inventiva e imprevisível de contundência e ludismo, desobediência civil e festa, protesto e carnaval ("protestival"), a rede de ação direta Reclaim the Streets – possivelmente, "o movimento político mais vibrante e de mais rápido crescimento desde 68 em Paris" (Klein, 2002: 340); "face contemporânea da oposição pública popular ao capital global" (St John, 2004: 75) – despontou como principal foco de convergência de DJs, militantes anticorporações, artistas e ambientalistas preocupados com os efeitos ruinosos do capitalismo na esfera local e global. Seu entusiasmo crítico e poder aglutinador foram fundamentais para fomentar a Ação Global dos Povos – uma rede permanente de mobilização e comunicação entre ativistas de todo o mundo (sem escritórios, funcionários, hierarquia ou ideologia estritamente definida), notabilizada pela organização dos Dias de Ação Global (manifestações de rua histriônicas, estridentes e, por vezes, contundentes que visam condenar, tumultuar ou mesmo impedir os encontros de líderes dos países mais ricos do mundo e as reuniões promovidas pelas instituições-símbolo do capitalismo mundial).

De início, o Reclaim the Streets concentrava suas energias contestadoras no repúdio aos projetos de expansão de rodovias na Inglaterra; rapidamente, porém, o foco dos protestos foi estendido para abarcar toda a "cultura do automóvel", numa abordagem em que os carros figuram como "um símbolo das divisões sociais, espaço privado versus espaço público, isolamento da natureza/do mundo exterior (o casulo/a bolha de aço) e da erosão da comunidade" (Jordan, 1997).

A despeito de reiterar, em declarações e documentos públicos (Klein, 2002: 351; http://rts.gn.apc.org/prop07.htm), as conexões entre suas afrontas à infra-estrutura e à ideologia da "cultura do automóvel" e a visada crítica mais abrangente edificada, desde meados dos anos 1950, pelo pensamento de esquerda, o RTS teve de aprender a lidar com a insistência de jornais e revistas em reduzir o seu questionamento radical de praticamente todos os aspectos da organização, da função e do gerenciamento do espaço urbano a uma espécie de *birra monomaníaca* contra carros e auto-estradas. Esta típica simplificação midiática dos fatos acabou, de modo involuntário, estimulando uma ampliação da agenda política do Reclaim the Streets, para além da questão ambiental ou da malversação do espaço público. Desde o final dos anos 1990, além de envolver-se diretamente no ativismo anticorporações (através de investidas contra grandes companhias de petróleo e indústrias automobilísticas), o RTS passou a abraçar, eventualmente, outras causas mais tradicionais das lutas de esquerda, aliando-se a sindicatos de trabalhadores e a outros movimentos sociais no apoio à longa greve dos empregados das docas de Liverpool, na mobilização contra a privatização do metrô de Londres e nas marchas européias contra o desemprego. Em Nova Iorque, o grupo marcou presença nos protestos contra a campanha por mais "qualidade de vida" capitaneada pelo então prefeito Rudolph Giuliani, cujas medidas de assepsia urbana atingiam os suspeitos de sempre – sem-tetos, vendedores ambulantes e pobres.

O RTS ajudou a trazer de volta à cena política um velho estilo de protesto: o carnaval de rua, deliberadamente ensejado de uma forma que valoriza a autonomia e a espontaneidade dos participantes, em contraste com os carnavais ou festivais (ordenados, regulados, controlados) promovidos por autoridades governamentais e agentes comerciais, não raro em parceria. Segundo Jordan (1998: 135), enquanto os festivais oficiais são organizados dentro de preceituadas linhas retas e retangulares, as festas do RTS são como um vórtice que envolve as centenas ou os milhares de participantes (em grande parte, jovens) num "estado incontrolável de caos criativo", capaz de romper com a "obsessão cultural pela linearidade, ordem e regularidade, evidenciada pelas estradas e pelos carros".

Ao contrário dos eventos anuais sancionados pelo Estado como uma (segura) válvula de escape para as tensões sociais e a sensaboria cotidiana (as comemorações do Dia do Trabalho, o desfile das Escolas de Samba, no Rio de Janeiro e em São Paulo, ou as Paradas do Amor, em Berlim), os carnavais anticapitalistas animados pelo Reclaim The Street são claramente ilegais – um ato de desobediência civil. Sob a ameaça constante da repressão policial, os participantes do RTS desenvolveram estratégias inovadoras para as suas ocupações de ruas, cruzamentos ou trechos de rodovias. Milhares de participantes são convocados (via internet ou panfletos) para reunir-se num determinado lugar da cidade, de onde partem em massa para o local da manifestação, conhecido apenas por alguns poucos organizadores. O trânsito da zona de protesto é bloqueado, então, com uma performance teatral ou uma marcha de bicicletas – "um signo do desejo de obstruir o avanço do capitalismo corporativo e seu impacto pauperizador sobre a vida contemporânea" (St. John, 2004: 424).

Armados de bonecos gigantes, cartazes, bandeiras, pernas de pau, sofás, jatos de tinta, barracas de livros de poesia e política, piscinas de plástico, *frisbees* e redes de vôlei, megafones, apitos, tambores, baterias de escola de samba, palcos para shows de bandas e apresentações de DJs, terminais de internet e kits multimídia, os "artivistas" do RTS (muitas vezes em associação com grupos sociais marginais ou marginalizados) interrompem dramática e festivamente o tráfego e o consumismo cotidiano das grandes cidades, tornando, a um só instante, visíveis, execráveis e ridículos os agentes da lei e as operações e as estruturas de poder. Segundo o testemunho de Stephen Duncombe – professor de história e política da mídia e um dos organizadores do RTS em Nova Iorque –, o modo de atuação pouco convencional do grupo tende a provocar um *choque cognitivo* nas forças repressivas do Estado:

> À medida que avançávamos pela Broadway, a polícia apareceu... e não tinha idéia de como lidar com um protesto que não parecia um protesto. Piquetes? Sim. Marchas? Sim. Tumultos? Sim. Mas trezentas pessoas dançando sob o embalo de um sistema de som, algumas com as caras pintadas, outras travestidas de Maria Antonieta, e um camarada circulando num brilhante terno azul de coelhinho? A polícia estava pasma (Duncombe, 2002: 22).

Não se trata somente de protestar contra aquilo que dificulta ou impede as apropriações genuinamente públicas e imaginativas das ruas e construções metropolitanas – a intenção é torná-las um palco temporário para ensaios abertos de outros modelos de expressão, convivência e participação, fora dos parâmetros capitalistas vigentes. Fiéis à plataforma vanguardista de abolição das fronteiras entre arte e vida e de introdução da criatividade, da imaginação, do jogo e do prazer no projeto revolucionário, os protestivais itinerantes do RTS ambicionam tornar as demandas utópicas, momentaneamente, concretas, palpáveis. Em oposição ao livre-mercado, brota das ruas, parques e praças reconquistadas a prefiguração de uma sociedade livre e solidária, baseada na expansão, revitalização e recriação do espaço público como lugar de interação (não mediada pelo consumo de mercadorias) e camaradagem entre cidadãos conscientes e participativos.

Não tardou para que "os atos de imaginação insurrecional" (Jordan, 1998: 139) do RTS ultrapassassem as fronteiras britânicas, irrompendo em paragens tão remotas como Sidney, Helsinque e Tel Aviv. As mobilizações públicas são organizadas localmente; com a ajuda das novas tecnologias, porém, ativistas de diferentes localidades podem inteirar-se acerca de eventos mundo afora. Desde que as câmeras de vídeo digitais passaram a ser intensamente adotadas nos carnavais de protesto, é possível buscar inspiração, ainda, em documentários de manifestações distantes, realizados por produtoras de vídeos alternativos, como a londrina Undercurrents, e disponibilizados em diversos *web sites* da RTS (Klein, 2002: 343).

Segundo o FBI, o Reclaim The Streets e outros "grupos anarquistas e socialistas extremistas" – como Workers' World Party e Carnival Against Capitalism — representam potencial ameaça terrorista aos Estados Unidos (www.fbi.gov/congress/congress01/ freeh051001.htm). Antes do pronunciamento do diretor da agência de investigação no congresso estadunidense, um editorial do *Estado de S. Paulo* (28 set. 2000, p. 2) comparara os "extremistas do Resgate as Ruas" aos hooligans ("bandos de torcedores ingleses que aterrorizam cidades inteiras"), já que seus participantes empregavam "o vandalismo a pretexto de corrigir as injustiças do capital". O jornal se apressou, todavia, em apaziguar os leitores: como se tratava de um "fenômeno espontâneo", de "uma decorrência natural do metabolismo da economia moderna", a globalização sobreviveria aos seus inimigos da "Internacional dos hooligans".

De maneira pouco sutil, nosso editorialista caracteriza a globalização neoliberal como um fenômeno tão espontâneo e inevitável quanto, digamos, a garoa paulistana, porém de conseqüências certamente mais jubilosas... Refutando tais conceituações que teimam em confundir Natureza e História, à maneira dos mitos dissecados por Barthes ([1956] 1963), as mobilizações anticapitalistas atuais reivindicam outro tipo de globalização – sinônimo de justiça e igualdade social, efetiva cooperação entre os povos e respeito às culturas. Em busca da (difícil) harmonia entre poesia e pragmatismo, ensaiam a utopia de um mundo sem autoritarismo e hierarquias, enquanto demandam o perdão da dívida externa dos países pobres e a democratização dos processos decisórios das instituições financeiras internacionais ou denunciam as conseqüências da imposição generalizada das severas reformas econômicas neoliberais e as normas de trabalhos antiéticas adotadas, em países do Terceiro Mundo, por corporações transnacionais de indústrias e serviços.

A música eletrônica e a sensibilidade inclusiva das *raves* parecem criar a trilha sonora e a ambiência ideais para congregar e animar as "comunidades espontâneas de oposição" (St John, 2004: 75). Gilbert (1997) argumenta, a propósito, que é o próprio imediatismo e a índole comunitária da música eletrônica contemporânea que a tornam tão idealmente propícia à política de ação direta, ao passo que o rock (com seu *star system*, seus líderes carismáticos) estaria mais afinado com a política representativa.

São bastante precárias, ainda, as tentativas de maior politização da cena eletrônica, em nosso país. A AME (Associação dos Amigos da Música Eletrônica, ONG criada por DJs, produtores, jornalistas e representantes de núcleos de *raves* e clubes da cidade de São Paulo) procurou dar um "enfoque social" à sua Parada realizada em 26 de outubro de 2003. Contando com apoio da Coordenadoria da Juventude da Prefeitura, o evento reuniu cerca de 170 mil pessoas, na região do parque Ibirapuera. Foram montados postos de recolhimento de donativos para o Projeto Fome Zero e a Campanha do Agasalho e de fornecimento de orientações a respeito da Coleta Seletiva Solidária, de doenças sexualmente transmissíveis e do uso de drogas.[9]

Mais instigantes, a meu ver, têm sido as intervenções da TEMP (Temporary Electronic Musik Party), núcleo de festas e "articulações ativistas" idealizado, em 2002, pelos paulistas Bruno Tozzini e Daniel Gonzalez, com a finalidade de provar que a cena eletrônica não se restringe às "baladas burras" e ao hedonismo dos eventos patrocinados por grandes

---

[9] Um estudante de 16 anos morreu afogado no lago do parque Ibirapuera, pouco depois de ter participado da Parada da AME. Após o incidente, a Polícia Militar sugeriu ao Ministério Público Estadual que adotasse medidas legais para que festas daquele tipo fossem proibidas ou realizadas somente em locais fechados, "onde é mais fácil ter controle do público" (*Folha de S. Paulo*, Cotidiano, 28 out. 2003, p. 1 e 3; *Folha de S. Paulo*, Opinião, 29 out. 2003, p. 2). Pouco tempo antes, a Secretaria Estadual de Segurança Pública de Santa Catarina proibira a emissão de alvarás de funcionamento para *raves* (Florianópolis e o Balneário de Camboriú eram alguns dos principais centros no Brasil das longas festas em lugares abertos, embaladas por música eletrônica).

A medida pretendia acabar com "situações" que favoreceriam a "prática de atitudes ilícitas", como o consumo de drogas; as casas noturnas poderiam prosseguir funcionando normalmente. No Rio de Janeiro, embora não exista proibição legal contra as *raves*, as autoridades policiais têm criado obstáculos à sua realização. Parte da luta dos organizadores de eventos desta natureza foi registrada no documentário *Bad trip*, dirigido por Felipe Sholl, Izabela Cardoso e Paulo Henrique Grillo, estudantes de Jornalismo da Universidade do Estado do Rio de Janeiro (Uerj) (*Folha de S. Paulo*, Folhateen, 20 out. 2003, p. 2; *Folha de S. Paulo*, Cotidiano, 28 out. 2003, p. 1).

corporações – "Essa movimentação que acontece agora é uma volta aos princípios da eletrônica. Com o tempo, as pistas se tornaram, em sua maioria, simples *playgrounds*, espaço para diversão e alienação", explica Gonzáles (*Folha de S. Paulo*, Ilustrada, 09 maio 2003, p. 1; ver, também, *Folha de S. Paulo*, Ilustrada, 30 ago. 2003, p. 15; *Folha de S. Paulo*, Folhateen, 09 mar. 2004, p. 3; *Folha de S. Paulo*, Ilustrada, 16 out. 2004, p. 11; *BEATZ*, n° 3, 2003, p. 64-65; *Outracoisa*, n° 5, 2004, p. 8-11).

Com base no conceito de TAZ (Temporary Autonomous Zone), formulado pelo enigmático poeta subversivo e filósofo anarquista norte-americano Hakim Bey (2004), e nos preceitos das *Squat Parties* (festas livres de ocupação de prédios abandonados, freqüentes na Europa, na década de 1990), as edições da TEMP ambicionam ser "um espaço temporário de diversão e informação multimídia", de "celebração da contracultura das ruas". Sem local nem periodicidade fixos, o projeto crítico-festivo já ocorreu em pontos tão variados da cidade de São Paulo como o clube *underground* Susi in Transe, o Paço das Artes (durante o FILE – Festival Internacional de Linguagem Eletrônica), o SESC Pompéia (com parte do evento Território Antiespetáculo), a Avenida São João, esquina com Anhangabaú (festa do diligente Mídia Tática Brasil) e a quadra da escola de samba Tom Maior (cujo tema do carnaval 2003 era "As previsões de que o Mundo iria acabar").

As festas itinerantes da TEMP não congregam apenas os amantes da cena eletrônica, mas também pessoas ligadas ao rock alternativo e industrial, ao hip hop e ao gótico. Todos eles seduzidos pela vívida mistura de performances, teatro de ação direta, ciberativismo, *street art*, antiespetáculos, intervenções visuais e sensoriais multimídia (como projeções de montagens desconcertantes de imagens extraídas de noticiários, filmes, comícios políticos, documentários de passeatas) e música eletrônica extrema (gêneros híbridos e *underground* como o *breakcore*, *hardcore*, *wonkytechno*, *drill'n'bass*, que revelam nítida influência do punk na "atitude" e do hip hop nas batidas mais quebradas; a estética sonora suja, distorcida, foge das estruturas musicais incorporadas pelas vertentes mais institucionalizadas da música eletrônica, com altos BPMs, *breakbeats* imprevisíveis e distorcidos, complementados, em alguns casos, pelo uso sarcástico de *samplers* de diálogos de filmes, cacofonia urbana e trechos de discursos políticos).

Vestidos de terno e gravata, com a cabeça inteiramente coberta por máscaras de ferro e lona de caminhão, convidados como a dupla de *Live PA* (performance ao vivo) Gengivas Negras (Theo Cordeiro e Carlos Morevi) trazem mais estranheza à cena, apresentando, em vez de música, "artefatos sonoros" – ruídos e barulhos processados e propagados por pedais de distorção, *softwares*, baterias eletrônicas, interrompidos, de vez em quando, pela leitura de manifestos do futurismo italiano (ecos da passagem dos dois amigos pela Escola de Música e Belas Artes do Paraná). As sessões de "noise experimental" duram, em média, 40 minutos – muitos observam, com curiosidade, a desconstrução musical; uma minoria vai embora, irritada.

O projeto da TEMP não se limita, todavia, às pistas de dança – entre outros eventos, seus integrantes estiveram envolvidos, apenas no ano de 2003, com: a) protestos contra a guerra do Iraque; b) a coordenação do *workshop* Cultura Eletrônica contra a Hegemonia, realizado, em parceria com o Movimento Jovem Zapatista do México, durante o Fórum Social Mundial, em Porto Alegre; c) a ofensiva de *street art* que celebrou, no dia 28 de novembro, o Buy Nothing Day (Dia Internacional de Combate ao Consumismo), colando pôsteres e *stickers* zombeteiros, ultrajantes nas portas, fachadas e vitrines de bancos, joalherias, cadeias de *fast-food*, modificando os códigos visuais dos *outdoors* e dos cartazes publicitários que infestam a cidade de São Paulo; d) a intervenção político-artística no Prestes Maia – um complexo de dois prédios ocupado por 470 famílias do MSTC (Movimento dos Sem-Teto do Centro de São Paulo). Junto com os coletivos SHN (de *street art*) e Radioatividade (de ação direta), a TEMP promoveu, por lá, um grande festival de multilinguagens, abarcando vídeo-intervenção, teatro, música, grafite, artes plásticas, oficinas e debates. Além de participar efetivamente das atividades do "levante artístico", os membros do MSTC forneceram importante apoio operacional, atuando como seguranças, monitores e eletricistas. No sétimo andar de um dos prédios, foi improvisada uma estação de rádio, que tocava *dub*, *breakcore*, *drill'n'bass*, afora os CDs de reggae e hip-hop trazidos por um morador que trabalhava como ambulante no centro da cidade. Ao todo, estima-se que quase 1.200 pessoas participaram da Ocupação Prestes Maia, durante os dias 13 e 14 de dezembro (*O Estado de S. Paulo*, Caderno 2, 16 dez. 2003, p. 2; *Global*, n° 2, jul. 2004, p. 38-41).

Meu intuito – ao enfocar a gama notável de manifestações populares contra o funcionamento da economia mundial, ao trazer à tona as formas nãoviolentas de denúncia e obstrução das apropriações indébitas de espaços e recursos comuns – foi chamar a atenção para um ativismo juvenil negligenciado ou marginalizado pelas jeremiadas acerca da apatia política da *juventude pós-moderna*, retratada (ou antes, caricaturada) em uma quantidade prodigiosa de filmes, programas de TV, reportagens, romances e pesquisas patrocinadas por universidades e/ou pelo mercado. A insistência comercial na construção deste perfil específico das *novas gerações* (os "caçadores de emoção", os "consumados consumistas" associados a entretenimentos excitantes e politicamente inócuos, estilos de vida exóticos, fulgurantes) parece apostar na validade de um velho conceito sociológico desenvolvido por Robert Merton: certas profecias, de tanto serem repetidas, acabam se realizando de fato.[10]

É preciso cautela para não se confundirem polêmicas culturais com práticas concretas; pensamentos desejosos, com o vivido. As múltiplas ideologias, estratégias de vida, atividades e alianças da juventude não podem ser reduzidas às grandes narrativas do *consumismo* ou do ativismo *anticapitalista* (adjetivo, aliás, ignorado pelo verificador ortográfico do Windows, num notável lapso de memória...).

Ao debandar das hostes marxistas de Birmingham (com toda aquela enfadonha retórica "excessivamente política"...), a revisão pós-subculturalista não nos legou, em troca, um instrumental teórico adequado para a compreensão dos elos significativos entre resistências invisíveis, microscópicas da vida cotidiana e movimentos mais amplos (às vezes, aparentemente desconexos) contrários à "nova ordem global". De que maneira as políticas do estilo e do prazer se vinculam com os novos tipos de ação anti-sistêmica, que abrangem desde atos de desobediência civil até o teatro de rua? Como avaliar o significado e a importância da cultura nas estratégias de mobilização e atuação coletiva contra os crescentes contornos mercadológicos do mundo contemporâneo? Estas são algumas das questões fundamentais e inter-relacionadas que se impõem à agenda de pesquisa dos estudos culturais no novo milênio.

---

[10] A propagação, por exemplo, do boato de que determinado banco se encontraria com dificuldades financeiras leva os seus correntistas a retirarem rapidamente os valores ali depositados e a encerrarem outros negócios. Resultado: a instituição termina efetivamente falindo (Merton, [1948] 1970).

Transgredindo os modismos e os monoteísmos conceituais

Por mais que nos incomode a sua obstinada cegueira política, não podemos deixar de reconhecer alguns méritos na teoria pós-subculturalista. Entre outras contribuições dignas de nota, a crítica pós-CCCS foi capaz de propiciar noções e ferramentas interpretativas úteis para a investigação de redes e pontos de contato que informam determinadas práticas culturais e dinâmicas identitárias juvenis, sinalizando a possibilidade de construção de alianças que nitidamente escapam às disputas tradicionais pela hegemonia. Com as arestas na sua formulação original devidamente aparadas, o conceito de *cena*, por exemplo, se afigura como o mais profícuo para a análise de fenômenos como o complexo circuito de produção, divulgação e consumo do rock alternativo carioca, com suas peculiares estratégias discursivas de legitimação estética e de viabilização ou consagração comercial (Freire Filho e Fernandes, 2006; Fernandes, 2007). Tão badalada quanto desgastada pela mídia, a etiqueta *tribos urbanas* deveria ser submetida, por sua vez, a uma salutar quarentena acadêmica; ou, quem sabe, ser reservada, apenas e tão-somente, para denominar agrupamentos juvenis eletivos mais pontuais cuja configuração, detectada ou forjada pelo *jornalismo cultural*, não deixe dúvidas quanto à sua natureza esporádica e efêmera, à sua elevada falta de comprometimento interno e alinhamento coletivo, orientado por modismos estéticos ou comportamentais.

Penso, por fim, que o conceito de *subcultura*, quando refinado teoricamente, permanece o mais apropriado para dar conta de outras formações culturais que exibem perfil mais coerente, coeso, estável, substancial, como as dos punks, *straight edges*, *hip hoppers*, metaleiros e góticos, ainda que a sua gênese ou o seu desenvolvimento não se ajustem à perfeição com o cerrado paradigma do CCCS.

Conforme demonstrou Hodkinson (2002, 2004a, 2004b), os góticos apresentam um grau consistente de distinguibilidade de valores, ideais e gostos, uma considerável consciência da identidade grupal, um forte sentimento de pertencimento e compromisso, além de uma rede relativamente autônoma de pequenos negócios e serviços de informação e interação administrada pelos próprios participantes, com base mais no entusiasmo pessoal do que na ambição financeira.

A emergência e a sobrevivência da subcultura gótica contrariam frontalmente os prognósticos acerca da diluição das subculturas incrementada sob o efeito dispersivo da internet. As interpretações pós-modernas asseveram que a possibilidade de anonimato e a instantaneidade do acesso *online* a incontáveis cenas e tribos contribuem para expandir o processo corrente de experimentação e encenação folgaz de múltiplos estilos e concepções de si. Tal argumentação se apóia na premissa de que a internet condensa uma constelação infinita de informação e cultura em um único *espaço* singular, compartilhado por uma massa diversificada, livremente flutuante e intensamente curiosa de usuários. Na prática, contudo, a rede mundial de computadores raramente opera no sentido de encorajar cada internauta à exploração e descoberta contínua de novos fenômenos e culturas. De maneira análoga ao que acontece quando nos defrontamos com as sortidas prateleiras de bancas de revistas ou megalivrarias, o acesso ao alentado acervo da internet é pautado pela busca especializada de interesses, crenças e afiliações preexistentes, fortificando laços já estabelecidos, num ato de conversão dos convertidos. Sem querer minimizar o *potencial* da internet para aumentar a fluidez cultural e identitária, é preciso considerar, portanto, que a interação no ciberespaço pode permitir, também, a consolidação e o reforço do envolvimento e das fronteiras subculturais – ampliando a aquisição de conhecimento prático e histórico, a formação de amizades e o estabelecimento de compromissos e normas entre os participantes, ao mesmo tempo que os mantém afastados dos *outsiders*, dos forasteiros, com a mesma eficiência verificada no espaço físico dos *pubs* e das casas noturnas.[11]

Evidentemente, a reflexão a respeito da escolha taxonômica apropriada deve servir de ponto de partida, apenas, para a tarefa mais fundamental de construção e experimentação de estratégias (multi)metodológicas que nos habilitem tanto a apreender os múltiplos significados individuais quanto a avaliar as possíveis ou patentes ressonâncias coletivas das variadas formas (propositivas, subversivas, adaptativas, escapistas, triviais) de resistência (sub)cultural juvenil – à falta de oportunidades econômicas ou de mobilidade social; às dificuldades materiais e às humilhações simbólicas; às autoridades ou ao descaso do mundo adulto; à banalidade da vida cotidiana e das expressões culturais *mainstream*; a hierarquias opressivas internas e externas.

---

[11] Uma das próprias figuras de proa da revisão pós-subculturalista admitiu, recentemente, que certas teorizações deram ênfase excessiva à prevalência e à intensidade de características como "fluxo", "fluidez" e "hibridização" nos agrupamentos juvenis contemporâneos (Muggleton, 2005: 217).

Referências bibliográficas

ABRAMO, Helena Wendell. *Cenas juvenis: punks e darks no espetáculo urbano*. São Paulo: Scritta, 1994.

ABRAMS, Mark. *The teenage consumer*. Londres: Routledge, 1959.

ADORNO, Theodor W.; HORKHEIMER, Max. A indústria cultural – o Iluminismo como mistificação de massa. In: LIMA, Luiz Costa (org.). *Teoria da cultura de massa*, p. 159-204. Rio de Janeiro: Paz e Terra, 1990 [1947].

AGUITON, Christophe. *O mundo nos pertence*. São Paulo: Viramundo, 2002.

ALVES, Adjair. Culturas juvenis na periferia de Caruaru: com os olhos voltados à realidade social. In: ALVIM, Rosilene *et al* (eds). *(Re)construções da juventude: cultura e representações*, p. 61-72. João Pessoa: Editora Universitária – PPGS/UFPB, 2004.

BAKER, David John. Rock rebels and delinquents: the emergence of the rock rebel in 1950s "youth problem" films. *Continuum: Journal of Media and Cultural Studies*, vol. 19, n° 1, p. 39-54, 2005.

BARROS, Lydia. "O punk da integração", o consenso na cena rock do Alto do José do Pinho. *E-compós*, edição 8, abril, 2007. Disponível em: http://boston.braslink.com/compos.org.br/e-compos/adm/documentos/ecompos08_abril2007_barros.pdf. Acesso em maio 2007.

BARTHES, Roland. *Mythologies*. Paris: Seuil,1963 [1956].

________. *Le plaisir du texte*. Paris: Editions du Seuil, 1973.

BAUDRILLARD, Jean. *La société de consommation*. Paris: Gallimard, 1970.

________. *Simulacres et simulation*. Paris: Gallilée, 1985.

________. *À sombra das maiorias silenciosas — o fim do social e o surgimento das massas*. São Paulo: Brasiliense, 1994.

BENNETT, Andy. Subcultures or neo-tribes? Rethinking the relationship between youth, style and musical taste. *Sociology*, vol. 3, n° 3, p. 599-617, 1999.

________. *Popular music and youth culture: music, identity and place*. Londres: Macmillan, 2000.

________. In defence of neo-tribes: a response to Blackman and Hesmondhalgh. *Journal of Youth Studies*, vol. 8, n° 2, p. 255-259, 2005.

BENNETT, Andy; KAHN-HARRIS, Keith. Introduction. In: BENNETT, Andy; KAHN-HARRIS, Keith (eds.), *After subculture: critical studies in contemporary youth culture*, p. 1-18. Nova Iorque: Palgrave Macmillan, 2004.

BEY, Hakim. *TAZ: zona autônoma temporária*. São Paulo: Conrad, 2004.

BIVAR, Antonio. *O que é punk*. São Paulo: Brasiliense, 1988.

BÖSE, Martina. "Race" and class in the "post-subcultural' economy. In: MUGGLETON, David; WEINZIERL, Rupert (eds.). *The post-subcultures reader*, p. 167-180. Oxford: Berg, 2004.

BUTTLER, Judith. *Bodies that matter: on the discursive limits of "sex"*. Londres: Routledge, 1993.

_______. *Excitable speech: a politics of the performative*. Londres: Routledge, 1997.

________. *Problemas de gênero. Feminismo e subversão da identidade*. Rio de Janeiro: Civilização Brasileira, 2003.

CHAMBERS, Ian. *Urban rhythms: pop music and popular culture*. Londres: Macmillan, 1985.

BLACKMAN, Shane. Youth subcultural theory: a critical engagement with the concept, its origins and politics, from the Chicago School to postmodernism. *Journal of Youth Studies*, vol. 8, n° 1, p. 1-20, 2005.

BOURDIEU, Pierre. *La distinction — critique sociale du jugement*. Paris: Les Éditions de Minuit, 1997 [1979].

BRAKE, Martin. *Comparative youth culture. The sociology of youth cultures and youth subcultures in America, Britain and Canada*. Londres: Routledge, 1985.

BROWN, Timothy S.. Subcultures, pop music and politics: skinheads and "nazi rock" in England and Germany. *Journal of Social History*, vol. 38, n° 1, p. 33-49, 2004.

CAIAFA, Janice. *Movimento punk na cidade: a invasão dos bandos sub*. Rio de Janeiro: Jorge Zahar, 1985.

CARRINGTON, Ben; WILSON, Brian. Dance nations: rethinking youth subcultural theory. In: BENNETT, Andy; KAHN-HARRIS, Keith (eds.). *After subculture: critical studies in contemporary youth culture*, p. 65-78. Nova Iorque: Palgrave Macmillan, 2004.

CLARK, Dylan. The death and life of punk, the last subculture. In: MUGGLETON, David; WEINZIERL, Rupert (eds.). *The post-subcultures reader*, p. 223-236. Oxford: Berg, 2004.

CLARKE, Gary. Defending ski-jumpers: a critique of theories of youth subcultures. In: GELDER, Ken; THORNTON, Sarah (eds.). *The subcultures reader*, p. 175-180. Londres: Routledge, 1997.

CLARKE, John. Style. In: HALL, Stuart; JEFFERSON, Tony (eds.). *Resistance through rituals: youth subcultures in post-war Britain*, p. 175-191. Londres: Hutchinson, 1976.

CLARKE, John *et al.* Subcultures, cultures and class: a theoretical overview. In: HALL, Stuart; JEFFERSON, Tony (eds.). *Resistance through rituals: youth subcultures in post-war Britain*, p. 9-74. Londres: Hutchinson, 1976.

COHEN, Phil. Subcultural conflict and working class community. In: GELDER, Ken; THORNTON, Sarah (eds.). *The subcultures reader*, p. 90-99. Londres: Routledge, 1997.

_______. Mods and shockers: youth cultural studies in Britain. In: BENNETT, Andy *et al.* (eds). *Researching youth*, p. 29-53. Londres: Palgrave, 2003.

COHEN, Stanley. *Folk devils and moral panics: the creation of the mods and rockers*. Oxford: Blackwell, 1980 [1972].

COSTA, Márcia Regina da. *Os carecas do subúrbio: caminhos de um nomadismo moderno*. Petrópolis, RJ: Vozes, 1993.

CHRISPINIANO, José. *A guerrilha surreal*. São Paulo: Conrad, 2002.

DEBORD, Guy. *La société du spectacle*. In: DEBORD, Guy. *Oeuvres*, p. 765-859. Paris: Gallimard, 2006 [1967].

DOHERTY, Thomas. *Teenagers and teenpics: the juvenilization of American movies in the 1950s*. Boston: Unwin Hyman, 1988.

FERNANDES, Fernanda Marques. Em busca da autenticidade: música, estilo de vida e produção midiática na cena de rock alternativo independente carioca. Dissertação de Mestrado. Escola de Comunicação da Universidade Federal do Rio de Janeiro, 2007.

FREIRE FILHO, João; FERNANDES, Fernanda Marques. Jovens, espaço urbano e identidade: reflexões sobre o conceito de *cena musical*. In: FREIRE FILHO, João; JANOTTI JÚNIOR, Jeder (orgs.). *Comunicação & música popular massiva*, p. 25-40. Salvador: Edufba, 2006.

FREIRE FILHO, João; HERSCHMANN, Micael. As culturas jovens como objeto de fascínio e repúdio da mídia. In: ROCHA, Everardo *et al.* (orgs). *Comunicação, consumo e espaço urbano: novas sensibilidades nas culturas jovens*, p. 143-154. Rio de Janeiro: Mauad X/ Ed. PUC-Rio, 2006.

FRITH, Simon. *The sociology of youth*. Ormskirk: Causeway Press, 1986.

FRITH, Simon; STREET, John. Rock Against Racism and Red Wedge: from music to politics, from politics to music. In: GAROFALO, Reebee (ed.). *Rockin' the boat: mass music and mass movements*, p. 67-80. Boston: South End Press, 1992.

GILBERT, Jeremy. Soundtrack to an uncivil society: rave culture, the Criminal Justice Act and the politics of modernity. *New Formations*, n° 31, p. 5-22, 1997.

GILROY, Paul. *The black Atlantic: modernity and double consciousness*. Londres: Verso, 1993.

GOSHERT, John Charles. "Punk" after the Pistols: American music, economics, and politics in the 1980s and 1990s. *Popular Music and Society*, vol. 24, n° 1, p. 87-109, 2000.

GROSSBERG, Lawrence. The politics of music: American images and British articulations. *Canadian Journal of Political and Social Theory*, vol. 11, n° 1 e 2, p. 144-151, 1987.

HAENFLER, Ross. Rethinking subcultural resistance. Core values of the straight edge movement. *Journal of Contemporary Ethnography*, vol. 33, n° 4, p. 406-436, 2004.

HALL, Stuart; JEFFERSON, Tony (eds.). *Resistance through rituals: youth subcultures in post-war Britain*. Londres: Hutchinson, 1976.

HEBDIGE, Dick. *Subculture: the meaning of style*. Londres: Methuen, 1979.

________. *Hiding in the light: on images and things*. Londres: Comedia, 1988.

HERSCHMANN, Micael. *O funk e o hip-hop invadem a cena*. Rio de Janeiro: Editora UFRJ, 2000.

HESMONDALGH, David. Repensar la música popular después del rock y el soul. In: CURRAN, James *et al* (orgs.). *Estudios culturales y comunicación: análisis, producción y consumo cultural de las políticas de identidad y el posmodernismo*, p. 297-322. Barcelona: Paidós, 1998.

________. Popular music audiences and everyday life. In: HESMONDHALGH, David; NEGUS, Keith (eds.). *Popular music studies*, p. 117-130. Londres: Arnold, 2002.

________. Subcultures, scenes or tribes? None of the above. *Journal of Youth Studies*, vol. 8, n° 1, p. 21-40, 2005.

HETHERINGTON, Kevin. *Expressions of identity: space, performances, politics*. Londres: Sage, 1998.

HODKINSON, Paul. *Goth: identity, style and subculture*. Oxford: Berg, 2002.

________. The goth scene and (sub)cultural substance. In: BENNETT, Andy; KAHN-HARRIS, Keith (eds.). *After subculture: critical studies in contemporary youth culture*, p. 135-147. Nova Iorque: Palgrave Macmillan, 2004a.

________. "Net.Goth": Internet communication and (sub)cultural boundaries. In: MUGGLETON, David; WEINZIERL, Rupert (eds.). *The post-subcultures reader*, p. 285-298. Oxford: Berg, 2004b.

HUQ, Rupa. The right to rave: opposition to the Criminal Justice and Public Order Act 1994. In: JORDAN, Tim; LENT, Adam (eds.). *Storming the millennium: the new politics of change*, p. 15-33. Londres: Lawrence and Wishart, 1999.

________. Raving, not drowning: authenticity, pleasure and politics in the electronic dance music scene. In: HESMONDHALGH, David; NEGUS, Keith (eds.). *Popular music studies*, p. 90-102. Londres: Arnold, 2002.

________. *Beyond subculture: pop, youth, and identity in a postcolonial world*. Londres: Routledge, 2006.

HUTTON, Fiona. *Risky pleasures? Club cultures and feminine identities*. Aldershot: Ashgate, 2006.

JAMESON, Fredric. Pleasure: a political issue. In: *The ideologies of theory — essays, 1971-1986, vol. 2*, p. 61-74. Mineápolis: University of Minnesota Press, 1988.

JORDAN, John. The street party is only a beginning... Interview with John Jordan by Naomi Klein. *The Anarchives*, 4(9), 1997. Disponível em: www.ainfos.ca/A-Infos97/4/0552.html. Acesso em mar. 2005.

________. The art of necessity: the subversive imagination of anti-road protest and Reclaim the Streets. In: McKAY, George (ed.). *DiY culture: party e protest in nineties Britain*, p. 129-151. Londres: Verso, 1998.

KAHN, Richard; KELLNER, Douglas. Internet subcultures and oppositional politics. In: MUGGLETON, David; WEINZIERL, Rupert (eds.). *The post-subcultures reader*, p. 299-313. Oxford: Berg, 2004.

KAHN-HARRIS, Keith. The "failure" of youth culture – reflexivity, music and politics in the black metal scene. *European Journal of Cultural Studies*, vol. 7, nº 1, p. 95-111, 2004.

KLEIN, Naomi. *Sem logo: a tirania das marcas em um planeta vendido*. Rio de Janeiro: Record, 2002.

LAUGHEY, Dan. *Music and youth culture*. Edimburgo: Edinburgh University Press, 2006.

LAURIE, Peter. *The teenage revolution*. Londres: Anthony Blond, 1965.

LEBLANC, Lauraine. *Pretty in punk: girls' gender resistance in a boys' subculture*. Londres: Rutgers University Press, 1999.

LINCOLN, Sian. Teenage girls' "bedroom culture": codes verses zones. In: BENNETT, Andy; KAHN-HARRIS, Keith (eds.). *After subculture: critical studies in contemporary youth culture*, p. 94-106. Nova Iorque: Palgrave Macmillan, 2004.

LONGHURST, Brian. *Popular music and society*. Cambridge: Polity Press, 1995.

LOWE, Melaine. "Tween" scene: resistance within the mainstream. In: BENNETT, Andy; PETERSON, Richard A. (eds.). *Music scenes: local, translocal, and virtual*, p. 80-95. Nashville: Vanderbilt University Press, 2004.

LUDD, Ned (ed.). *Urgência das ruas: Black Block, Reclaim the Streets e os Dias de Ação Global*. São Paulo: Conrad, 2002.

McGUIGAN, Jim. *Cultural populism*. Londres: Routledge, 1992.

McROBBIE, Angela. *Postmodernism and popular culture*. Londres: Routledge, 1994.

McROBBIE, Angela; GARBER, Jenny. Girls and subculture: an exploration. In: HALL, Stuart; JEFFERSON, Tony (eds.). *Resistance through rituals: youth subcultures in post-war Britain*, p. 209-222. Londres: Hutchinson, 1976.

MAFFESOLI, Michel. *A conquista do presente*. Rio de Janeiro: Rocco, 1984.

________. *A sombra de Dioniso*. Rio de Janeiro: Graal, 1985.

________. *Les temps des tribus: le déclin de l'individualisme dans les sociétés postmodernes*. Paris: Meridiens Klincksieck, 1988.

________. *No fundo das aparências*. Petrópolis, RJ: Vozes, 1996.

________. *Sobre o nomadismo: vagabundagens pós-modernas*. São Paulo: Record, 2001.

MALBON, Ben. Clubbing: consumption, identity and the spatial practices of every-night life. In: SKELTON, Tracy; VALENTINE, Gill (eds.). *Cool places: geographies of youth cultures*, p. 266-286. Londres: Routledge, 1998.

MARCHART, Oliver. Bridging the micro-macro gap: is there such a thing as a post-subcultural politics?. In: MUGGLETON, David; WEINZIERL, Rupert (eds.). *The post-subcultures reader*, p. 83-97. Oxford: Berg, 2004.

MARTIN, Daniel. Power play and party politics: the significance of raving. *Journal of Popular Culture*, vol. 32, n° 4, p. 77-99, 1999.

MARTIN, Greg. Conceptualizing cultural politics in subcultural and social movement studies. *Social Movement Studies*, vol. 1, n° 1, p. 73-88, 2002.

MERTON, Robert K. A profecia que se cumpre a si mesma. In: Merton, Robert K. *Sociologia: teoria e estrutura*, p. 513-531. São Paulo: Mestre Jou, 1970 [1948].

MELECHI, Antonio. The ecstasy of disappearance. In: REDHEAD, Steve (ed.). *Rave off: politics and deviance in contemporary youth culture*, p. 29-40. Aldershot: Avebury, 1993.

MIDDLETON, Richard. *Studying popular music*. Filadélfia: Open University Press, 2002.

MITCHELL, Tony. *Popular music and local identity: rock, pop and rap in Europe and Oceania*. Londres: Leicester University Press, 1996.

MUGGLETON, David. *Inside subculture: the postmodern meaning of style*. Oxford: Berg, 2002.

________. From classlessness to clubculture: a geneology of post-war British youth cultural analysis. *Young*, vol. 13, n° 2, p. 205-219, 2005.

MULVEY, Laura. Visual pleasure and narrative cinema. *Screen*, vol. 16, n° 3, p. 6-18, 1975.

NEALE, Steve. *Hollywood and genre*. Nova Iorque: Routledge, 2000.

NEGUS, Keith. *Popular music in theory: an introduction.* Cambridge: Polity Press, 1996

OSGERBY, Bill. "The good, the bad and the ugly": media representations of youth since 1945. In: BRIGGS, Adam; COLBEY, Paul (eds). *The media: an introduction*, p. 319-334. Londres: Longman, 1998.

OTT, Brian L.; HERMAN, Bill D.. Mixed messages: resistance and reappropriation in rave culture. *Western Journal of Communication*, vol. 67, n° 3, p. 249-270, 2003.

PINI, Maria. *Club cultures and female subjectivity: the move from home to house*. Nova Iorque: Palgrave, 2001.

POLHEMUS, Ted. In the supermarket of style. In: REDHEAD, Steve *et al.* (ed.). *The clubcultures reader: readings in popular cultural studies*, p. 53-69. Oxford: Blackwell, 1998.

QUEIROZ, Tereza Correia da N.. Culturas juvenis, contestação social e cidadania: a voz ativa do hip hop. In: ALVIM, Rosilene *et al* (eds). *(Re)construções da juventude: cultura e representações*, p. 15-32. João Pessoa: Editora Universitária – PPGS/UFPB, 2004.

REDDINGTON, Helen. "Lady" punks in bands: a subculturette?. In: MUGGLETON, David; WEINZIERL, Rupert (eds.). *The post-subcultures reader*, p. 239-252. Oxford: Berg, 2004.

REDHEAD, Steve. *The end-of-the-century party: youth and pop towards 2000.* Manchester: Manchester University Press, 1990.

________. The end of the end-of-the-century party. In: REDHEAD, Steve (ed.). *Rave off: politics and deviance in contemporary youth culture*, p. 1-6. Aldershot: Avebury, 1993.

________. *Subcultures to clubcultures: an introduction to popular cultural studies*. Malden, MA: Blackwell, 1997.

REYNOLDS, Simon. Rave culture: living dream or living death?. In: REDHEAD, Steve *et al.* (ed.). *The clubcultures reader: readings in popular cultural studies*, p. 84-93. Oxford: Blackwell, 1998.

RIETVELD, Hillegonda. Living the dream. In: REDHEAD, Steve (ed.). *Rave off: politics and deviance in contemporary youth culture*, p. 41-78. Aldershot: Avebury, 1993.

RONSINI, Veneza. A política de representação do hip-hop e a lógica mercantil: consenso e dissenso. In: FREIRE FILHO, João; JANOTTI JUNIOR, Jeder (eds.). *Comunicação & música popular massiva,* p. 69-86. Salvador: Edufba, 2006.

________. *Mercadores de sentido: consumo de mídia e identidades juvenis.* Porto Alegre: Editora Sulina, 2007.

RYBACK, Timothy. *Rock around the block: a history of rock music in Eastern Europe and the Soviet Union*. Oxford: Oxford University Press, 1990.

SABÓIA, Ricardo. Periferia eletrônica: *clubbers* e *cybermanos* na cidade de São Paulo. *ECO-PÓS*, vol. 6, n° 2, p. 73-85, 2003.

SHUKER, Roy. *Understanding popular music*. Nova Iorque: Routledge, 2002.

SKELTON, Tracy; VALENTINE, Gill (eds.). *Cool places: geographies of youth cultures.* Londres: Routledge, 1998.

SOUZA, Bruna Mantese de. Os *straight edges* e suas relações com a alteridade na cidade de São Paulo. Dissertação de Mestrado. Programa de Pós-graduação em Antropologia Social. Universidade de São Paulo, 2005.

SOUZA, Janice Tirelli Ponte de. *Reinvenções da utopia: a militância dos jovens nos anos 90*. São Paulo: Hacker, 1999.

ST JOHN, Graham. Post-rave technotribalism and the carnival of protest. In: MUGGLETON, David; WEINZIERL, Rupert (eds.). *The post-subcultures reader*, p. 65-82. Oxford: Berg, 2004.

STHAL, Geoff. Tastefully renovating subcultural theory: making space for a new model. In: MUGGLETON, David; WEINZIERL, Rupert (eds.). *The post-subcultures reader*, p. 27-40. Oxford: Berg, 2004.

STRAW, Will. Systems of articulation, logics of change: communities and scenes in popular music. *Cultural Studies*, vol. 5, n° 3, p. 368-388, 1991.

________. Scenes and sensibilities. *E-compós*, Edição 6, agosto, 2006. Disponível em: http://www.compos.org.br/e-compos/adm/documentos/ecompos06_agosto2006_willstraw.pdf. Acesso em 20 set. 2006.

TAYLOR, Timothy D. *Strange sounds: music, technology and culture*. Londres: Routledge, 2001.

THORNTON, Sarah. *Club cultures: music, media and subcultural capital*. Oxford: Polity, 1995.

WEBER, Max. Classe, status e partido. In: VELHO, Otávio *et al*. *Estrutura de classes e estratificação social*, p. 57-75. Rio de Janeiro: Zahar Editores 1966 [1922].

WEINZIERL, Rupert; MUGGLETON, David. What is "post-subcultural studies" anyway? In: MUGGLETON, David; WEINZIERL, Rupert (eds.). *The post-subcultures reader*, p. 3-23. Oxford: Berg, 2004.

WELLER, Wivian. A presença feminina nas (sub)culturas juvenis: a arte de se tornar visível. *Revista Estudos Feministas*, vol. 13, n° 1, p. 107-126, 2005.

WIIDDICOMBE, Sue; ROBIN, Wooffitt. *The language of youth subcultures: social identity in action*. Hemel Hempstead: Harvester, 1995.

WILLIS, Paul. *Learning to labour: how working class kids get working class jobs*. Londres: Saxon House, 1977.

________. *Profane culture*. Londres: Routledge, 1978.

WILSON, Brian. The Canadian rave scene and five theses on youth resistance. *Canadian Journal of Sociology*, vol. 27, n° 3, p. 373-412, 2002.

________. Ethnography, the Internet, and youth culture: strategies for examining social resistance and "online-offline" relationships. *Canadian Journal of Education*, vol. 29, n° 1, p. 307-328, 2006.

WILKINS, Amy C. "So full of myself as a chick": goth women, sexual independence, and gender egalitarianism. *Gender & Society*, vol. 18, n° 3, p. 328-349, 2004.

Capítulo 2

Fãs, a Nova Vanguarda da Cultura?

Os fãs de astros e artefatos da cultura de massa formam, de acordo com o senso comum, uma categoria *sui generis* de consumidores, caracterizada por hábitos excessivos, inexistentes entre os meros simpatizantes (cuja identidade social não é estabelecida com base no padrão de consumo midiático) e os respeitáveis *connaisseurs* (apreciadores abalizados da literatura, do teatro e das belas-artes). Do ponto de vista altivo dos espectadores e leitores "normais", o comportamento intensamente emocional e fervorosamente ritualizado dos fãs ("jovens *nerds*", "donas de casa mal-amadas"...) tangencia, constantemente, os limites da adulação servil, sustentada por imaginários laços de intimidade e inimagináveis gastos de tempo e dinheiro. Tal imersão voluntária no mundo comercial do faz-de-conta tende a ser tratada como risível, inócua ("coisa de adolescente") ou moralmente reprovável.

A imprensa e o cinema nunca perdem a avidez por histórias sobre "o desejo e a fúria do raro fã demente" (Gitlin, 2003: 182) – os eremitas obsessivos que vivenciam uma relação tão fantasiosa e fixativa com uma celebridade a ponto de projetar a eliminação trágica de seu objeto de adoração. Sempre haverá espaço, também, para relatos mordazes a respeito do comportamento das "tietes convulsivas" e das "*groupies* promíscuas" que orbitam em torno de ídolos da música popular massiva.

A academia contribui, à sua maneira, para reforçar a imagem estigmatizada dos fãs irradiada – *obsessivamente* – pela mídia. A literatura canônica sobre os fãs costuma retratá-los como um "*Outro* patológico" (Jenson, [1992] 2001), cujos discursos e práticas constituem sintomas inequívocos de agruras sociais, morais ou psicológicas da modernidade. Numa sociedade de massas atomizada, alienante, onde genuínos laços comunitários foram esgarçados ou descartados, *indivíduos solitários* e *multidões histéricas* buscariam – na glória refletida do ídolo ou no senso de comunhão da idolatria – a compensação psicológica para carências e frustrações de suas vidas sem brilho.

No campo da psiquiatria e da psicologia, a conduta apaixonada dos fãs é, volta e meia, associada a delírios erotomaníacos (Harrington e Bielby, 1995: 3-4). Já na perspectiva mais politizada da teoria crítica, o adorador (manipulado e passivo) de ícones e textos da indústria cultural e do sistema de celebridades personifica, com incomparável eloqüência, a programática erosão do senso crítico e da individualidade sob o regime capitalista.

A redenção acadêmica dos fãs

A partir dos anos 1990, com a expansão dos estudos culturais nos círculos universitários anglo-americanos, a validade do discurso dominante sobre os fãs e dos paradigmas críticos que lhe dão suporte começou a ser questionada. Em contraposição às tradicionais "análises doutrinárias" (Tulloch e Jenkins, 1995: xi-xii), foram confeccionadas investigações teóricas e empíricas mais compreensivas (nas duas acepções do termo) a respeito da etiologia e dos impactos culturais, sociais e políticos do complexo fenômeno da idolatria. Outrora um emblema gritante de problemáticos legados da modernidade, o fã ressurgiu, na ribalta acadêmica, como um consumidor astuto, capaz de processar criativamente os sentidos de produtos de circulação massiva, elaborando, a partir deles, um conjunto variado de práticas, identidades e novos artefatos.

> Os fãs são produtivos: sua condição de fã os incita a produzir os seus próprios textos. Tais textos podem ser as paredes dos quartos das adolescentes, a maneira como elas se vestem, os seus cortes de cabelo e a sua maquiagem, na medida em que elas se transformam em indíces ambulantes de suas alianças culturais e sociais, participando ativa e produtivamente na circulação social do sentido. (...) Às vezes, esta produtividade do fã pode ir ainda além, gerando textos que rivalizam, estendem ou reproduzem os originais. Assim, as fãs não constroem apenas a sua própria versão do visual da Madonna, elas também participam de concursos de sósias da cantora, de mímica das suas canções, e, em 1987, fizeram reproduções pastiches de seus videoclipes (Fiske, 1989b: 147-148).

Na redentora (e influente) inversão analítica de Fiske (1989b), a condição de fã envolveria "um engajamento ativo, entusiástico, partidário, participativo" com os bens culturais, motivado mais por critérios populares de "relevância social" (ligados a necessidades e interesses *imediatos*, *concretos*, *reais*) do que por cânones elitistas de "qualidade estética". Em outras palavras, as atividades calorosas, *espontâneas* e comunitárias dos fãs corresponderiam àquilo que Bourdieu classificou de "prática cultural proletária", caracterizada por sua oposição ao modo burguês de apreciação da grande arte – distanciado, contemplativo, eivado de pedantismos e sorrateiros preconceitos de classe.

> *[A produtividade do fã]* é a criatividade popular, a cultura popular em ação. Ela recusa nítidas distinções de papéis, e, portanto, distinções políticas, entre artista e audiência, entre texto e leitor. Ela não aceita o poder cultural como sendo de mão única, de cima para baixo, mas como um poder democrático que é aberto a todos que têm competência (e discriminação) para participar dele (148).

A noção de *bricolagem (sub)cultural* difundida por Dick Hebdige, ao ser retomada por Fiske, ganha um raio de ação bem mais abrangente, chegando a incluir a prática (bastante corriqueira, então, entre os fãs de música *pop*) de montagem de "álbuns" individuais a partir de canções pinçadas em diferentes discos lançados comercialmente – "Esta prática pode não ser ideologicamente resistente, mas ela é produtiva, é prazeirosa, e é, pelo menos, evasiva, se não resistente, economicamente" (151).

Associado à configuração de uma fértil produção amadorística alternativa, de diligentes comunidades *on-line* e de eventuais grupos de pressão contrários ao cancelamento de seriados e novelas, o universo da tietagem passou a ser aclamado como a evidência mais categórica da existência do *receptor ativo* da cultura de massa, tão enfatizada pelos recentes estudos de audiência.[12]

Além de serem vibrantes (re)criadores de significados, leitores/espectadores imaginativos, os fãs se distinguiriam, em certos casos, como produtores de um sortido arsenal de materiais suplementares ao conteúdo primá-

---

12 "Eles *[Os fãs]* não meramente reagem a uma agenda acadêmica, escrevendo cartas em resposta às cartas de um pesquisador ou respondendo questões quando entrevistados por um *scholar*. Em vez disso, eles exibem agenciamento em seu consumo midiático cotidiano. (...) Ninguém poderia negar que eles são também produtores, já que a evidência material é visível para todos" (McKee, 2002: 67). "Os fãs, em todos os lugares do mundo, são realmente a vanguarda de guerrilha do consumo, transformando a 'recepção' do entretenimento comercial em uma 'produção' substancial, freqüentemente irreverente" (Kelly, 2004: 7).

rio do seu interesse – desenhos e pinturas (*fan art*), ficções e poemas (*fan fictions*), músicas (*filk musics*), vídeos (*fan vids*), filmes (*fan films*), entre outras criações partilhadas e avaliadas criticamente em convenções, mostras retrospectivas, *fanzines*, *websites*...[13] Diferente da maioria dos fãs que se contenta em adquirir e reprocessar semanticamente mercadorias licenciadas pelas grandes corporações, os fãs-artistas confeccionam os seus próprios (sub)produtos midiáticos, procurando, às vezes, aproximar mais os *textos canônicos* das suas experiências e ambições de vida. Nessas intervenções criativas, os fãs elaboram desfechos diferentes para os filmes ou romances de sua predileção, alteram a biografia ou trajetória de personagens e imaginam situações totalmente novas.

> Personagens periféricas como a Tenente Uhura, da série original *Jornada nas Estrelas*, podem assumir o centro do palco, para representar mais acuradamente a vida das mulheres afro-americanas; personagens transgressores que acabam sendo punidos, como a *[chefe da segurança]* Tasha Yar, de *Jornada nas Estrelas: A Nova Geração*, podem escapar da sua eventual extinção (Kustritz, 2003: 374).

Ninguém deveria se surpreender, segundo Fiske (1989b: 151), ao constatar que as adolescentes e as mulheres fornecem os exemplos mais persuasivos da produtividade dos fãs – afinal, esta forma de "criatividade popular" é típica dos grupos subordinados, que possuem nenhum ou parco acesso aos meios de produção cultural, e cuja criatividade, portanto, reside necessariamente na arte de se virar com aquilo que se tem à disposição.[14]

---

[13] Quem tiver a intenção de conhecer a produção criativa dos fãs brasileiros pode acessar os sites com *fan fictions* baseadas em *Arquivo X* (http://www.geocities.com/Area51/Stargate/6347/fictionpages.htm), *Jornada nas Estrelas* (http://www.trekbrasilis.net/entretenimento/fanfics/; http://www.jornadabbs.com/index.php?Act=4), histórias em quadrinhos de super-heróis (http://www.hyperfan.com.br/), desenhos animados japoneses (http://br.geocities.com/bestfics/), fontes de inspiração variada, incluindo jogos eletrônicos, bandas de rock e celebridades (http://www.guaruhara.com.br/categories.php?catid=44; http://fanfiction.nyah.com.br/), e *Harry Potter* (http://www.alianca3vassouras.com/; http://www.alohomorra.com/fans/fanfic/). A propósito, em 2006, a editora Conrad publicou a coletânea de *fan fictions O destino de Harry Potter*, organizada pelos jornalistas Juliana Calderari e Ivan Finotti.

[14] Seguindo a mesma trilha argumentativa, Jenkins (1995: 203) pondera que "a condição de fã constitui um lócus de força feminina, em vez de fraqueza, na

Em sua análise a respeito da maciça presença feminina nos eventos de luta livre nos Estados Unidos do pós-guerra, Dell (1998) sustenta que o envolvimento apaixonado (por vezes, até mesmo desordeiro) com aquele esporte violento dava às mulheres a chance de desferir um golpe certeiro nos parâmetros oficiais de conduta genericamente apropriada, numa conjuntura de crescente conservadorismo.

> (...) Estas mulheres adotavam a luta livre, usando-a como um meio para resistir e desafiar – ainda que temporariamente – o confinamento imposto por regras de caráter patriarcal. A enorme onda de comparecimento feminino aos combates, os comportamentos transgressivos exibidos e a natureza comunitária do comportamento, tudo isso evidencia as alianças sociais que estavam sendo formadas em torno deste gênero de performance. A relevância social de criar uma comunidade feminina assertiva contra as demandas da expectativa patriarcal era logicamente mais significativa para estas mulheres do que qualquer critério de estética. Estas mulheres podiam desfrutar do prazer da provocação – da provocação pública compartida – e, no contexto doméstico, do prazer momentâneo da desaprovação masculina e da inabilidade masculina para alterar tal comportamento. Em cada caso, estas mulheres encontraram táticas para evadir as pressões das expectativas masculinas e experimentar a afirmação efêmera de características femininas renegociadas, partilhadas com outras fãs, através do país. Mesmo as mulheres que assistiam isoladamente aos combates pela televisão podiam inteirar-se a respeito desta comunidade rebelde, lendo o desconforto expresso em artigos publicados em revistas e jornais por toda a América (106).

Dell acrescenta que as arenas da luta livre não eram os únicos espaços em que, sob o vigilante olhar masculino, as mulheres pareciam *sair da linha*, assumindo preocupantes posturas agressivas e sexualizadas.

---

medida em que mulheres confrontam e dominam materiais culturais e aprendem a contar a sua própria história, tanto privada quanto publicamente, através dos artefatos de que se apropriaram". De maneira ainda mais enfática, Kustritz (2003: 374) assevera que as *fan fictions* oferecem às mulheres sem capital cultural para ingressar na produção ou na discussão da grande arte "a chance de interpretar e reescrever os artefatos de entretenimento que foram concebidos para ser parte de sua reprodução como sujeitos capitalistas, patriarcais; elas podem questionar as representações ao seu redor e propor contra-representações que reflitam as condições materiais de suas próprias vidas".

> Artistas contemporâneos freqüentemente experimentam a investida de jovens esfuziantes em concertos de música, um fenômeno comum a gerações sucessivas de fãs de cantores como o iniciante Frank Sinatra, Elvis Presley, os Beatles e Michael Jackson. Cada fenômeno geracional foi tema de preocupação de certos membros respeitáveis da sociedade, que reagiram enérgica e punitivamente a tais expressões públicas de desejo feminino – desejo feminino *jovem* – e, portanto, de jovens corpos femininos "fora de controle" – certamente fora do controle *deles*. (...) O mesmo esforço de regulação foi feito nos anos 1940 e 1950, com intuito de controlar os corpos "desgovernados" das fãs de Sinatra e Elvis. A expressão pública de desejo sexual feminino contrariava a imagem da mulher doméstica(da) tão prevalecente naquela época (100-101).

Resumindo: em vez de ser conceituada como uma forma de *escapismo individual* ou *histeria coletiva*, a condição de fã passou a ser enaltecida, dentro dos estudos culturais, como uma maneira eficiente encontrada pelos grupos marginalizados para expressar resistência a normas e relações opressivas. Ao alterar os sentidos hegemônicos de entretenimentos de massa ou produtos midiáticos, jovens, mulheres e homossexuais manifestariam o seu descontentamento com "a vida como ela é", superando sentimentos de subordinação e impotência. Eventos e artefatos aparentemente destinados a reproduzir hierarquias tradicionais de classe, gênero e raça podem ser *reformatados* como espaços e narrativas de vivência comunitária, igualdade racial e liberdade sexual.

Quando tencionam ratificar, de uma vez por todas, as possibilidades de resistência e subversão propiciadas pela condição de fã, os pesquisadores costumam invocar o exemplo das *slash fictions* – modalidade controversa, porém disseminada, de *fan fiction* (isto é, de ficção escrita por e para fãs, sem intento financeiro) cujo foco é o relacionamento sexual entre protagonistas masculinos de livros, filmes ou seriados de TV, originariamente apresentados como heterossexuais (Kirk e Spock; Starsky e Hutch; Sherlock Holmes e Dr. Watson; Clark Kent e Lex Luthor; Harry Potter e Draco Malfoy; Luke Skywalker e Han Solo; Qui-Gon Jinn e Obi-Wan Kenobi...).

Escritas predominantemente por mulheres, as *slash fictions* não pretendem representar as aspirações e o estilo de vida dos homossexuais, mas, sim, questionar concepções rígida e hierarquicamente definidas de gênero e identificação erótica. As pioneiras (e hoje inumeráveis) histórias baseadas em *Jor-*

nada nas Estrelas, por exemplo, apresentam o Capitão Kirk e o Comandante Spock num explícito caso amoroso, transgredindo os sentidos convencionais da afamada série televisiva. No desenvolvimento destas tramas eróticas, Kirk e Spock superam, em geral, a ansiedade e o desconforto iniciais motivados pela ruptura com a orientação sexual ortodoxa e aprendem a ser mais francos a respeito de seus sentimentos e mais espontâneos na expressão de seus afetos. No final da série *The cosmic fuck*, idealizada por Gayle Feyrer, a paixão homoerótica entre os dois personagens é tão envolvente a ponto de incorporar a participação do Dr. McCoy num amigável *ménage à trois*.[15]

Muitos organizadores de convenções e conferências evitam a distribuição pública das *slash*, temendo ofender atores convidados ou visitantes que enxergam nas narrativas homoeróticas uma afronta à virilidade – e, por conseguinte, ao *status* heróico – de seus personagens favoritos.[16] Enquanto os fãs mais conservadores reclamam da "violação do cânone" ou do "estupro de personagens" promovidos pelas *slash fictions*, o público acadêmico tende a colocar tais inversões narrativas num pedestal conceitual. Tratar-se-ia, simplesmente, da "mais original contribuição da comunidade de fãs ao campo da literatura popular"; de "um dos poucos lugares, na cultura popular massiva, onde questões de identidade sexual podem ser exploradas fora das polarizações que crescentemente cercam este debate"; de "uma ruptura particular-

[15] De acordo com Woledge (2005: 236), no verão de 2002 havia sete fanzines exclusivamente dedicados à publicação de ficção e arte visual baseadas no envolvimento erótico de Kirk e Spock, além de seis grupos de discussão na internet centralizados no mesmo tema. Os fãs de *Guerra nas Estrelas*, por sua vez, têm à disposição diversos guias virtuais sobre como escrever uma *slash fiction* com os personagens da saga cinematográfica — a assessoria criativa inclui descrições detalhadas da prática de sexo oral e diagramas da genitália masculina, além de conselhos e pareceres dos chamados "*beta readers*" (fãs-editores com respeitável capital subcultural acumulado) (Brooker, 2002: 138). Segundo o levantamento de Bury (2005: 74), apenas o site www.fictionresource.com contém 720 entradas para *websites* dedicados a alguma forma de *slash fiction*.

[16] Brooker (2002: 133) registra que todos os autores de *slash fictions* com os quais se correspondeu lhe solicitaram que os depoimentos fossem reproduzidos sob pseudônimos, a fim de evitar que empregadores e familiares descobrissem o seu envolvimento com o gênero. Para se esquivar de possíveis represálias de fãs com perfil mais dogmático ou pudico, a responsável por um site brasileiro que abriga *slash ficitions* baseadas na série de animação japonesa *Os Cavaleiros do Zodíaco (Saint Seiya)* exibe o seguinte aviso em sua página inicial: "Sejam

mente dramática com as normas ideológicas do conteúdo televisivo, mesmo que elas forneçam um canal para as fãs examinarem mais detidamente os relacionamentos entre os personagens que as atraíram para aqueles programas" (Jenkins, 1992: 188, 221); de uma forma de "guerrilha erótica" (Penley, 1991: 136); de um "gênero híbrido ímpar"; de "uma das mais radicais e intrigantes apropriações femininas de um produto da cultura popular massiva" (Penley, 1992: 480, 484); da "única fantasia sexual escrita por mulheres, para mulheres... produzida sem o controle da censura" (Russ, 1985: 95).

Embora tais estudiosos sejam unânimes em realçar o aspecto progressista ou libertário das *slash fictions*, há divergências no que concerne tanto às razões do apelo específico deste gênero narrativo para as mulheres quanto ao alvo preciso da sua crítica social. No entendimento de Lamb e Veith (1986), as *slash fictions* reelaboram as tradicionais ficções românticas (calcadas na submissão da heroína passiva ao herói vigoroso), experimentando um esquema narrativo em que impera a negociação de poder entre dois personagens masculinos igualmente interessantes e independentes. Mesmo o conteúdo sexual explícito das histórias deveria ser entendido metaforicamente, segundo elas, como uma maneira de as mulheres exprimirem seu anseio por relacionamentos íntimos igualitários, impedidos de florescer, no contexto heterossexual existente, em virtude das pressões dos discursos normativos de gênero. Sob esta ótica, o *affaire* homossexual figura como uma projeção deslocada de um relacionamento heterossexual idealizado, em que a compatibilidade interior, o amor verdadeiro e a amizade profunda têm primazia sobre a escolha de objetos sexuais.

Algumas autoras rechaçam, entretanto, a ênfase nas continuidades entre as ficções românticas e as *slash fictions*, argumentando que este tipo de comparação esvazia, de certa forma, o caráter transgressor do novo gênero narra-

---

bem-vindos! Esse *site* foi feito de fã para fã, sem fins lucrativos. O conteúdo das fanfics, fanarts e doujinshis sobre a série *Saint Seiya* aqui hospedados é exclusivamente de cunho Yaoi e um pouco de Yuri. Ou seja, tratam-se (sic) de obras fictícias enfocando relacionamentos homossexuais entre os personagens. Se você tem mais de dezoito anos e não tem problema nenhum com o tema, esteja a (sic) vontade para acessar o *site*. Do contrário é mais cômodo para mim e para você que nem acesse e feche essa janela. Ao acessar o *site* e seu conteúdo a responsabilidade é totalmente sua. Isso quer dizer que concorda com os termos e não me mandará *e-mails* ou recadinhos ofensivos. Lembre-se que você entrou por vontade própria. **SSD © 2003~2007 - By Senhorita Mizuki Only Portuguese**" (http://www.saintseiyadreams.cjb.net/).

tivo. Na visão de Russ (1985) e Penley (1991), as *slash fictions* podem ser mais bem definidas como uma espécie de *pornografia "feminilizada"*, cujo traço distintivo é a rejeição dos encontros sexuais anônimos e desprovidos de qualquer tipo de envolvimento emocional, tão característicos da imaginação pornográfica masculina, informada pelas relações patriarcais de poder.

Numa análise mais ambivalente do fenômeno, Cicioni (1998) ressalva que as *slash fictions* estão abertas a variadas interpretações. A exemplo do que ocorre com as ficções românticas, as reconstruções dos personagens masculinos efetuadas pelas fãs seriam indicativas de um desejo de mudança na concepção de *masculinidade* e nas relações heterossexuais. Todavia, o fato de que tais narrativas constituem cenários de "parcerias ideais" utópicas sugere que elas são, em vez de um estímulo para a transformação social, uma válvula de escape para o estresse que as mulheres experienciam em suas vidas cotidianas e em suas relações conjugais.[17] Ainda assim, no entender da autora, as *slash fictions* comportam um potencial subversivo significativamente maior do que a ficção romântica – sobretudo, quando apreciadas a partir de uma mirada teórica *queer*:

> Em primeiro lugar, ainda que focalizem os homens, as *slash fictions* dão voz a alguns desejos das mulheres que estão fora das noções dominantes de relacionamento amoroso aceitável. (...) Em segundo lugar, a *slash fiction*, apesar de não tratar explicitamente de política sexual, reflete tensões que são explicitamente políticas. Embora muitas escritoras de *slash* declarem a sua heterossexualidade, diversos dos textos que elas produzem indicam uma consciência de que as relações heterossexuais, não importa quão plenas, têm menos potencial para a igualdade do que as relações entre pessoas do mesmo sexo. Mais ainda, embora a maioria das *slash fictions* evite questões especificamente *gay*, a maior parte delas se opõe à discriminação e à homofobia. Por fim, as fãs de

[17] Este ângulo da análise de Cicioni se aproxima das conclusões de Radway (1984) acerca da inerente ambigüidade do hábito feminino de leitura de ficção romântica — por um lado, ele pode ser interpretado como "uma atividade de suave protesto e anseio de reforma" no que tange às instituições da heterossexualidade e do casamento monogâmico; por outro lado, de uma perspectiva feminista, o consumo de histórias românticas pode ser avaliado, também, como uma prática que supre vicariamente as necesssidades das mulheres e, por consequência, desarma potencialmente seu impulso para modificar aquelas instituições.

slash são – diferentemente das leitoras de ficção romântica – muito mais do que consumidoras passivas. Várias delas transitam da condição de leitoras à de escritoras das suas próprias fantasias; e a maioria, através de seus comentários a propósito das histórias de outras mulheres e de suas interações nas discussões dos fanzines, participa de um valoroso aprendizado e de um processo liberador: Elas reconhecem e verbalizam os seus próprios – às vezes, problemáticos e contraditórios – desejos e necessidades, e começam a analisar a relação entre sua sexualidade e sua subjetividade (175).

Transtornos esquizóides de personalidade

As primeiras tentativas de análise mais aprofundada e aprobativa das motivações e atividades dos fãs de produtos midiáticos foram levadas a cabo por autores que escamoteavam – ou, pelo menos, não punham num primeiro plano analítico – os seus próprios laços afetivos com aqueles artefatos (Ang, 1985; Radway, 1984; Tulloch, 1983; Fiske, 1989a, 1989b). Já a nova geração de estudiosos se distingue por proclamar, vaidosamente, a sua condição de fã.[18] Tamanha proximidade com o objeto de estudo foi

[18] "Eu me tornei fã de *soap operas* aos 15 anos de idade, quando dei um excitante mergulho de verão no universo da classe trabalhadora, conseguindo o meu primeiro emprego, como arrumadeira de hotel. Fui treinada por uma mulher mais velha que trabalhava naquele lugar há anos. (...) Minha socialização oficiosa incluía uma explanação acerca de todos os personagens de *General Hospital*, seus relacionamentos, suas vivências no momento. (...) [R]apidamente descobri outra vantagem de assistir ao programa: este hábito dava, a uma fedelha universitária como eu, algo fácil, e ao mesmo tempo envolvente, para conversar com as pessoas que trabalhavam comigo, gente com a qual eu parecia ter pouco em comum" (Baym, 2000: 3-4); "Eu percebi que, no caso de *Arquivo X*, eu não era uma mera espectadora, mas uma fã. Eu nunca perdia um episódio e, freqüentemente, assistia várias vezes àqueles que eu havia gravado. Mais ainda, eu gostava de discutir a respeito do programa com meu companheiro e minhas amigas. As conversas com elas incluíam, às vezes, 'fofocas' sobre a beleza e o *background* acadêmico de David Duchovny (um candidato a PhD em Yale)" (Bury, 2005: ix); "*Guerra nas Estrelas* não é apenas um filme ou uma trilogia. Para muitas pessoas, incluindo eu mesmo, trata-se do artefato cultural mais importante de nossas vidas; ele se ligou intimamente às memórias de nossas infâncias, aos nossos tributos caseiros, às nossas escolhas profissionais ou educacionais, e às nossas experiências cotidianas" (Brooker, 2002:

convertida de possível motivo de embaraço intelectual em um ponto de vista epistemológico privilegiado e, por conseguinte, em uma nova e curiosa modalidade de autoridade acadêmica.[19] A condição biográfica de *insider* é valorizada, em regra, como um bem em si mesmo, sem que sejam devidamente problematizadas as possíveis vantagens e armadilhas teóricas e metodológicas desta posição inicial de proximidade subjetiva com a cultura e os indivíduos sob o escrutínio acadêmico.[20]

---

xii); "Minha própria posição, aqui, é ao mesmo tempo a de uma fã de *slash* e a de uma acadêmica feminista não-muito-heterossexual" (Cicioni, 1998: 154); "Nós duas somos telespectadoras de *soap operas* há muito tempo, e o nosso conhecimento amador a respeito do mundo dos fãs de *soap operas* nos convenceu de que um estudo da subcultura produziria uma perspectiva importante sobre os fãs de artefatos midiáticos" (Harrington e Bielby, 1995: 5); "Eu realmente escrevo com base em uma experiência em primeira mão. Tendo me envolvido com jogos de fantasia por mais de 20 anos, eu falo com o conhecimento não apenas de um acadêmico, mas de um fã de ficção científica, um ávido jogador" (Lancaster, 2001: xxiv); "Os autores representados nesta coletânea estão cientes da sua própria condição de fã e muitos a proclamam orgulhosamente. Todos eles desafiam corajosamente o estigma da tietagem, com a finalidade de investigar e analisar o que tornam os fãs incômodos e as forças que alimentam o consenso popular em torno da idolatria" (Lewis, [1992] 2001: 1); "Eu tenho sido um ardoroso seguidor de esportes de massa, particularmente de futebol, desde a minha infância, e mais recentemente de baseball, depois que passei uma temporada nos Estados Unidos a trabalho. (...) Desde a minha adolescência, tenho sido também um fã entusiástico de música popular alternativa e eletrônica, especialmente de bandas como Kraftwerk" (Sandvoss, 2005: 5).

19 "Ao longo de todo este artigo, eu escrevo tanto como fã quanto como acadêmica; considero esta uma posição privilegiada a partir da qual eu tenho acesso, simultaneamente, aos discursos dominantes das *slash fictions* baseadas em Kirk e Spock e dos seus admiradores e aos paradigmas acadêmicos com os quais é possível interpretar aqueles discursos. Nesse sentido, eu poderia me classificar como uma 'acadêmica-fã': alguém que usa sua posição acadêmica para tentar explicar práticas de fãs com as quais está familiarizada" (Woledge, 2005: 236).

20 Com base em sua própria experiência anterior como investigador/integrante da subcultura gótica, Hodkinson (2005) teceu uma reflexão bastante fecunda a respeito de situações etnográficas caracterizadas por níveis significativos de envolvimento prévio entre o pesquisador e os pesquisados. Tais ponderações foram retomadas por minha orientanda de Mestrado Fernanda Marques Fernandes, em sua investigação sobre a cena *indie* carioca, da qual ela fazia parte ativamente.

Ao introduzir na teoria social o significado de *cultura* em seu sentido antropológico, os estudos culturais britânicos almejavam, entre outras coisas, compreender e dignificar as experiências de vida, os valores e as atividades de lazer e consumo das "pessoas comuns". Fiel, de certa maneira, ao protocolo analítico e político sancionado na década de 1950, mas advogando também em causa própria ("Como eu tenho um pouco de auto-respeito, eu também fui a campo preparada para avaliar favoravelmente as *soap operas* e as suas fãs" (Baym, 2000: 3-4)), a nova geração de pesquisadores recriou o fã à sua imagem e semelhança:

> Talvez, nós sejamos capazes de ver, agora, que a categoria do "intelectual das humanidades" é, de fato, uma subdivisão da categoria do "fã". Nós somos eles; nós somos os fãs com sorte o suficiente de sermos remunerados para sermos fãs (McKee, 2002: 69).

> Os acadêmicos são fãs profissionais que são pagos para documentar, discutir, explorar e celebrar suas paixões. Ao prestar muita atenção às coisas que amam, professores universitários preservam-nas e passam-nas adiante. Meu entusiasmo por *Buffy, a Caça Vampiros* não é diferente do meu entusiasmo por lógica, matemática do século XVII, teoria evolucionista, ficção científica e metafísica (depoimento de uma *scholar* presente à conferência acadêmica sobre *Buffy* realizada no Tennessee, em 2004, apud Burr 2005: 378).

Atual diretor do programa de Estudos Midiáticos Comparados do MIT, Henry Jenkins foi o primeiro a desfraldar a bandeira do "acadêmico-fã". Recém-saído da graduação, ele publicou, em 1992, o hoje clássico *Textual poachers* — "um livro escrito por um fã, para e sobre fãs, mas também para a comunidade acadêmica" (8). Na introdução, Jenkins salientou que as conclusões de seu estudo sobre os admiradores fervorosos de séries de TV eram o resultado de dois níveis de entendimento (não necessariamente conflituosos, ainda que tampouco perfeitamente alinhados): o nível acadêmico (informado por teorias a respeito da cultura popular massiva, gênero, sexualidade e abordagem etnográfica) e o nível do fã (nutrido pelo acesso a tradições e conhecimentos específicos da "comunidade" ou "subcultura" dos aficionados). A própria motivação para enveredar por aquela área de pesquisa surgira da condição dual experienciada pelo autor: *como um fã*, Jenkins ambicionava usar sua autoridade institucional para ajudar na redefinição da identidade pública dos fãs em geral, livrando-os das representações sensacionalistas e preconceituosas que tinham reflexos diretos em suas vidas pessoais e profissionais; havia, ainda, o desejo de inventariar "os feitos de fãs escritores, artistas e *performers* notáveis" (7); *como um acadêmico*, Jenkins queria contribuir para dissipar os equívocos nas teorizações sobre a cultura de massa e os seus consumidores – em especial, "a nossa incapacidade para relacionar a crítica da ideologia com um reconhecimento dos prazeres que encontramos dentro dos textos massivos" (8).

Coerente com tal declaração de princípios e intenções, o autor fez questão de partilhar cada capítulo de sua pesquisa (fundamentada numa explanação mais social do que psicológica da idolatria) com todos os fãs mencionados, encorajando-os a criticar o conteúdo da análise, à medida que ela ia sendo desenvolvida. O produto final deste diálogo foi traduzido num texto com perfil acadêmico, mas com uma prosa menos distanciada e objetiva do que a habitual. Posteriormente, num arrebatado "Manifesto por uma renovação dos estudos culturais", escrito em parceria com Tara McPherson e Jane Shattuc, Jenkins reiterou a necessidade de substituir os modos institucionalizados de produção do saber e de escrita acadêmica (com seus padrões de decoro e distanciamento) por uma linguagem e uma abordagem mais subjetivas, calorosas, apaixonadas, sem receio de assumir os envolvimentos e as identificações pessoais com a cultura popular massiva.

> Não estamos apregoando uma rejeição da academia, mas sim um novo relacionamento entre os modos acadêmicos e populares de engajamento, que se apropria do melhor dos dois mundos, reconhece e valoriza formas alternativas de produção de conhecimento e busca mapear mais precisamente as continuidades e diferenças entre elas. O que estamos propondo pode ser mais bem descrito como a "recapacitação" da cultura intelectual ou, quem sabe, o que nós almejamos é simplesmente não sermos descapacitados daquilo que sabemos como membros de uma audiência popular, antes de sermos ensinados a estar adequadamente preparados para ingressar na vida acadêmica (Jenkins *et al.*, 2002: 9).

Como os pesquisadores da velha guarda teimavam em questionar a condição de plenitude do híbrido *acadêmico-fã*, a saída para dar conta das tensões apontadas entre as duas identidades sociais foi retratar os próprios fãs como uma espécie de vanguarda teórica – altamente engajada do ponto vista analítico e (pelo menos, ocasionalmente) político, porém menos comprometida com o fardo do racionalismo e outras tediosas formalidades acadêmicas...

Num primeiro instante, predominou a preocupação de identificar (ou projetar), nos fãs, características de comprovado prestígio intelectual. É o apogeu do fã-guerrilheiro (semiótico). Atualmente, contudo, estamos diante de uma significativa reviravolta conceitual: são os conhecimentos, os sistemas de valores e as práticas dos fãs – não necessariamente de *resistência*, mas de *produção colaborativa* e *discussão coletiva* – que avultam como modelo para a pesquisa acadêmica. Há um nítido anseio de granjear a simpatia e a aprovação dos fãs extramuros universitários; de alcançar a façanha de ser parte, ao mesmo tempo, do *fânone* e do cânone acadêmico.[21] Para além de eventuais interesses comerciais na ampliação do público leitor, vigora a preocupação de não ferir as suscetibilidades dos fãs, de respeitar (e defender), sem restrições pernósticas, suas escolhas e práticas. Tudo é permitido ao acadêmico-fã, menos o pecado de parecer elitista, superior, professoral... Conforme advogam Busse e Helleckson (2006: 8) – numa asserção particularmente exultante do populismo

[21] Nada é mais revelador a este respeito do que a fonte e o teor das declarações escolhidas para incrementar o lançamento de dois estudos recentes: "Oportuno e provocativo... a prosa clara de Brooker soa como uma canção. Sua óbvia dedicação ao projeto de *Using the force* torna este livro um *must* para os fãs e uma leitura necessária para os estudantes de cultura popular massiva" (*The Austin Chronicle*); "Brooker é um escritor engajado cuja prosa é refrescantemente isenta tanto do jargão acadêmico quanto da condescendência irritante; como fica claro desde o início, ele é um fã de longa data de *Guerra nas Estrelas*" (*SCI-FI, the Official Magazine of the Sci-Fi Channel*), quarta capa de *Using the force: creativity, community and Star Wars fans* (2002), escrito por Will Brooker (professor da Kingston University, em Londres); "Uma mirada envolvente, espetacular sobre a cultura das fãs de *soap opera*. Harrington e Bielby dão conta de tudo — dos clubes às fãs mais inveteradas, da estilizada e atrevida internet aos fanzines ingênuos de antanho — e o resultado é tão suculento e atraente quanto as próprias *soap operas*" (Michel Logan - *TV Guide*); "Uma rara combinação de pesquisa acadêmica e leitura absorvente, *Soap Fans* oferece um mergulho fascinante, e na maior parte do tempo positivo, na vida das incompreendidas e denegridas devotas das *soap operas*" (Mimi Torchin - Editora-chefe do *Soap Opera Weekly*), quarta capa de *Soap fans: pursuing pleasure and making meaning in everyday life* (1995), escrito por C. Lee Harrington (professora de Sociologia da Universidade de Miami) e Denise D. Bielby (professora de Sociologia da Universidade da Califórnia).

cultural –, é preciso deixar o espaço acadêmico ser "colonizado" pelos conhecimentos e procedimentos dos fãs, e não o contrário.

Da cultura da resistência à cultura da participação

A guinada nos estudos sobre fãs pode ser ilustrada, com clareza didática, pela trajetória teórica de Henry Jenkins. Quando estudava comunicação na Universidade de Iowa, Jenkins revela que teve um contato iluminador com a perspectiva dos estudos culturais britânicos, através das "impactantes" aulas ministradas por John Fiske. Instigado pelo modo como os pesquisadores da Escola de Birmingham haviam colaborado na reversão do "escárnio público" em torno das subculturas juvenis, o jovem graduando decidiu edificar uma imagem alternativa mais honrosa para os fãs, conceituando-os como consumidores midiáticos inventivos e criticamente engajados (Jenkins, 1992: 5; 2006a: 1, 37).

Livremente inspirado na teoria das subversões cotidianas formulada pelo historiador e antropólogo francês Michel de Certeau ([1980] 1994), Jenkins (1992) qualificou as atividades dos fãs como uma espécie de "furtiva caçada textual" – a exemplo dos indivíduos que transpassam propriedades alheias e capturam, ilegalmente, animais para comer, os fãs invadiriam o território dos programas de TV, subtraindo elementos do seu interesse e assimilando-os de modos que, por vezes, contradizem os objetivos dos autores e donos oficiais.

Esta primeira etapa da obra de Jenkins evidenciava os exageros cometidos na conceituação do caráter necessariamente subversivo dos fãs, *heróis da resistência* em batalha constante com os interesses e valores do "bloco de poder" – para usar a definição favorita de Fiske, o responsável por disseminar a equiparação entre as práticas dos fãs e o ativismo político dos grupos de guerrilha de esquerda. Fiel às metáforas bélicas recorrentes na obra de seu mentor, Jenkins (1992: 18) afiançou que os "caçadores textuais" desferiam "um ataque surpresa à cultura de massa" e apoderavam-se dos seus materiais, "desafiando abertamente" as noções dominantes de hierarquia cultural e autoridade autoral, "violando" a propriedade intelectual. Nesse processo de pilhagem e reescrita cultural, os fãs extrairiam, das próprias representações que reforçavam o racismo, o sexismo, o militarismo e o conformismo, as ferramentas para criticar tais posturas ideológicas. "Não estou afirmando categoricamente que existe algo especialmente empoderador nos textos que os fãs adotam", esclareceu o autor. "Sustento, entretanto, que existe algo empoderador com referência à maneira como os fãs se apropriam destes textos, no processo de incorporá-los às particularidades de suas vidas" (idem: 284).

A proposta de *interpolação crítica*, de *bricolagem resistente* não consta, todavia, do protocolo de elaboração de grande parte da produção dos fãs, engendrada mais com a finalidade de homenagear do que de subverter o modelo original. Tal predisposição laudatória é patente, por exemplo, na ampla quantidade de material coletado por Monteiro (2007), em sua dissertação de Mestrado sobre os fãs do cantor Renato Russo – fanzines, bandas *covers* e até mesmo uma extensa *fan fiction* inspirada na música *Faroeste Caboclo* têm como preocupação precípua perpetuar e reforçar a mensagem, o legado do falecido líder da banda de rock Legião Urbana, em vez de retificá-lo ideologicamente. Tampouco é possível detectar um intuito mais transgressor no primeiro *fan film* nacional – criação do jovem estudante de *design* carioca Henrique Granado, *Casa dos Jedi* (2002) parte da especulação sobre como seria o *reality show* do SBT, *Casa dos Artistas*, se os participantes fossem os personagens da saga criada por George Lucas (Freire Filho *et al.*, 2006). Concebido despretensiosamente para ser apresentado na abertura da edição carioca da *Jedicon*[22], *Casa dos Jedi* atesta que mesmo a imitação burlesca ou as paródias alinhavadas pelos fãs são quase sempre afetuosas e raramente visam a uma declaração política explícita.[23]

---

[22] Conferência anual de fãs de *Guerra nas Estrelas*, organizada pelos Conselhos Jedi do Rio de Janeiro, de São Paulo e do Paraná. Realizadas desde 1999, as edições da Jedicon oferecem um rol variado de atrações: exibição de entrevistas, vídeos, *fan films* nacionais e estrangeiros; palestras de críticos e roteiristas de cinema; *workshop* sobre efeitos especiais; exposição de aquarelas; sorteios; concursos de fantasias; e muitos, muitos estandes de venda de materiais para colecionadores. Ao longo dos anos, o evento vem recebendo o apoio de patrocinadores de peso, como as Secretarias de Cultura do Rio de Janeiro e de São Paulo, a Editora Record, a Lego, a Sony Music, a UCI e a Fox Film do Brasil (http://www.jedicon.com.br/).

[23] Uma exceção à regra: *Tie-Tanic*, criação de John Bunt pontuada por referências diretas ao enorme aparato corporativo por trás do sucesso de *Guerra nas Estrelas* — uma conferência entre Darth Vader, Grand Moff Tarkin e outras forças imperiais, exibida no filme original da série, foi dublada e transformada numa reunião do departamento de *marketing* da Lucasfilm em que os executivos tramam como tirar mais dinheiro dos consumidores (http://www.sithclan.net/SC4/accueil/section/Communaute/Fan-Film/viewFiche.php?id=59).

Em avaliações retrospectivas de *Textual poachers*, Jenkins admitiu que o paradigma analítico da *apropriação* e da *resistência* da audiência que informa a sua obra inaugural é excessivamente marcado por perspectivas teóricas e compromissos políticos já ultrapassados. São bastante sintomáticas, a propósito, tanto a ausência de Michel de Certeau e John Fiske quanto a ascendência de Pierre Lévy no índice onomástico de *Convergence culture* (2006) – coletânea de artigos inspirados por teorias mais recentes a respeito das novas estruturas sociais ("inteligência coletiva") e dos novos modelos de produção cultural ("cultura participativa").

No afã de reparar equívocos pretéritos, Jenkins acabou incorrendo no velho erro de "jogar fora o bebê junto com a água da bacia". Embora contivessem generalizações abusivas a respeito do caráter resistente da condição de fã, seus primeiros trabalhos possuíam, pelo menos, três aspectos louváveis: a) manifestavam uma visão razoavelmente crítica a respeito das implicações sociais e políticas da cultura popular massiva; b) assinalavam o equívoco de abordar-se a idolatria com o olhar concentrado apenas em suas relações de consumo; c) chamavam a atenção para a existência (praticamente subterrânea, às vezes) de alguns artefatos midiáticos amadores com apreciável dimensão contestadora. Sob o pretexto de corrigir os excessos de politização do passado, resultantes de um pacto de solidariedade com os fãs[24], Jenkins busca empreender, em sua produção acadêmica mais atual, uma abordagem destituída de qualquer tipo de juízo de natureza política – ou "moralista".

> Quando eu escrevo – sendo oriundo de certa geração de acadêmicos – eu ainda sinto uma enorme pressão, em dados momentos, para dizer "Isto é progressista ou é reacionário?" (...) [A] necessidade de se declarar taxativamente em algum ponto do texto é algo que você traz no interior da sua mente, quando escreve dentro de uma disciplina como os estudos culturais, que nasceram de uma resistência política em um

[24] "[N]o tempo em que escrevi *Textual poachers*, o discurso acadêmico sobre fãs era predominantemente negativo. O estereótipo negativo era tão fortemente estabelecido que eu não me senti confortável para atacar os fãs... Frisar o lado negativo, naquele momento, teria sido destrutivo para a criação de um diálogo que nos fizesse repensar a condição de fã... Eu escolhi contar uma história que acentuava o aspecto positivo, em vez do negativo, mas eu penso que era necessário naquele instante" (apud Hills, 2002: 10).

momento histórico particular e que foram moldados pelo discurso marxista, que é tanto um discurso moral quanto político e econômico. (....) Há muita coisa que você pode dizer a respeito da cultura popular massiva que não é motivada por uma postura política ou moralista (2006a: 10).

Na nova fase mais politicamente descontraída de sua carreira (cujo mote poderia ser "Marxistas de todo o mundo, deixem-me em paz!"), Jenkins (2006b) se dedica a documentar o comportamento migratório dos fãs "que vão a quase qualquer lugar na busca pelas experiências de entretenimento que desejam", "encorajados a procurar novas informações e estabelecer novas conexões entre conteúdos midiáticos dispersos" na internet, nos games e nos telefones celulares (2).

Graças ao notório empenho afetivo para usufruir mais e melhor do seu objeto de admiração, as comunidades de fãs são retratadas, agora, como principais catalisadoras e grandes beneficiárias da emergente "cultura participativa" (essencialmente democrática, não-hierárquica, descentralizada, favorável ao diálogo e ao eclipse da distinção entre produtor e consumidor).[25] Após percorrer um longo caminho de *palerma cultural* a *guerrilheiro semiótico*, o fã é reinterpretado como o *herói* do admirável mundo novo da convergência midiática, onde "cada história importante é contada, cada marca é vendida, e cada consumidor é cortejado através de múltiplas plataformas midiáticas" (Jenkins, 2006b: 3). Na explicação do próprio autor,

> [n]os anos 1980 e início dos 1990, críticos culturais, como eu mesmo, apresentaram as comunidades de fãs de artefatos midiáticos como um importante campo de teste para as idéias sobre consumo ativo e criatividade popular. Nós fomos atraídos pela noção da "cultura do fã" operando à sombra da, em resposta à ou como alternativa para a cultura comercial. A cultura do fã era definida através da apropriação e transformação de materiais emprestados do conteúdo da cultura de massa. Ao longo da última

---

[25] "Os fãs foram, com freqüência, os primeiros a reconhecer o potencial participativo das novas tecnologias midiáticas. Eles expressaram frustração com a relação impessoal que as redes de TV procuravam estabelecer com a sua audiência e demandaram um papel mais ativo para si mesmos, insistindo no seu senso de propriedade e envolvimento como os materiais culturais e recusando-se a ver o consumo como um processo que começa e termina no instante da compra" (Jenkins, 2001: xvii; ver, também, Uricchio, 2004).

década, a *Web* trouxe estes consumidores das margens da indústria midiática para o centro do palco; a pesquisa sobre fãs tem sido praticada por importantes pensadores da área jurídica e comercial. Aqueles que outrora foram vistos como "leitores rudes" são, agora, aquilo que Kevin Roberts denominou "consumidores inspiradores"[26] (246).

Saudado por Howard Rheingold como o "McLuhan do século XXI", Jenkins volta a assumir, em seus artigos recentes, uma parcialidade temerária. Sua abordagem procura realçar sistematicamente as novas formas de 'empoderamento' do consumidor e as dimensões utópicas da nova ordem midiática, a fim de distanciar-se dos "pessimistas culturais" (autores como Noam Chomsky, Robert McChesney e Mark Crispin Miller) que enfatizam os obstáculos para a conquista de uma sociedade mais democrática. Numa caricatura grotesca das expectativas dos seus adversários, Jenkins argumenta que

> [o] debate continua sendo enquadrado como se a única alternativa verdadeira fosse descartar a mídia de uma vez por todas e viver nas florestas, comendo mato e lagartos e lendo apenas livros publicados com papel reciclado produzidos por pequenas empresas alternativas. Mas o que significaria tomar o poder midiático em benefício dos nossos próprios interesses? A pureza ideológica e estética é realmente mais valiosa do que transformar a nossa cultura? (Jenkins, 2006b: 248-249).

---

[26] Na sua *home page* na Internet, Kevin Roberts — principal executivo da agência de publicidade Saatchi & Saatchi (parte de um dos maiores grupos de comunicação do mundo) e autor de *The lovemarks effect: winning in the consumer revolution* (2006) — define o "consumidor inspirador" nos seguintes termos: "O mais poderoso vendedor do mundo trabalha de graça para nós. Ele é o Consumidor Inspirador. Qualquer um pode ser um consumidor. Consumidores Inspiradores amam e vivem para aquilo que a empresa faz. Defensores apaixonados, contadores de histórias, guardiões morais, otimistas radicais e co-criadores. Pregadores que querem assumir a manufatura e o *marketing*, que querem um pedaço da história, não importa quão pequeno, que querem espalhar notícias inspiradoras a respeito da marca que amam. Estamos no meio de uma revolução. Consumidores Inspiradores estão transformando o fluxo de um-para-muitos em muitos-para-um. Eles estão revertendo o fluxo dos sonhos, idéias, bens e experiências. Eles estão reinventando toda a proposição de valor". Para elucidar este último aspecto, Roberts menciona, entre outros exemplos, a participação de "consumidores inspiradores" na elaboração do *design* de determinadas partes dos automóveis de fabricantes como a BMW e a Toyota e a produção de *fan films* que acabam alcançando êxito comercial (http://www.saatchikevin.com/The_Modern_Marketplace/).

Por mais tentador que seja ingressar neste debate, não tentarei esboçar, aqui, uma resposta para as instigantes provocações de Jenkins. Em vez disso, reservo a parte final deste capítulo para refletir, brevemente, acerca dos novos modos de produção, circulação, marketing e consumo dos bens simbólicos, num contexto de simbiose, negociação e disputa entre fãs e corporações midiáticas em que prevalecem as assimetrias de poder e restritivos parâmetros legais e comerciais.

Criatividade, comércio e *copyright*

Os fãs e as indústrias do entretenimento mantêm uma relação complexa, sobrecarregada de intensidade e, em alguns casos, tensão. A origem dos conflitos é a divergência quanto ao direito legítimo sobre os bens comerciais – de um lado, a alegação de propriedade afetiva por parte dos fãs; do outro, a defesa obstinada da propriedade intelectual por parte das corporações que, fazendo jus ao nome, tentam incorporar a atividade dos fãs dentro dos parâmetros legais e comerciais da cultura de massa ou eliminá-la pura e simplesmente, temendo a diluição do valor simbólico de suas marcas e *personas*.

A lógica econômica da convergência midiática pressupõe e incentiva a existência de um "consumidor ativo" (consoante a denominação do discurso organizacional), apto e disposto a navegar pela corrente caudalosa de bens escoados por diferentes canais e plataformas inter-relacionadas. Através do marketing global e intrusivo de um sem-número de produtos derivados, as novas estratégias comerciais ambicionam intensificar o grau de imersão do público no universo do seu artefato favorito – "Em vez de assistir a *Buffy [Buffy, a Caça Vampiros, exibida no Brasil pela Fox]*, o espectador adolescente, em particular, é convidado a viver *Buffy*, na medida em que o programa de TV se expande dos limites dos episódios semanais regulares para uma experiência de estilo de vida" (Brooker, 2004: 571). Tudo é meticulosamente calculado para que o alto envolvimento dos fãs com a propriedade intelectual dos conglomerados midiáticos seja canalizado para atividades e espaços preestabelecidos. Sites oficiais e clubes exclusivos na internet, entre outros recursos, são planejados como veículos para incrementar o investimento (emocional, espiritual, intelectual, financeiro) dos fãs nas produções corporativas e suas mercadorias adjacentes.

Conforme indicou Brooker (2004), a *home page* oficial de *Dawson's Creek* (hoje, um tanto modificada) nos permitia apreender, com nitidez, o funcionamento da interatividade comercialmente estruturada. Após um passeio turístico por um simulacro pormenorizado da cidade fictícia onde se desenrola o programa (exibido no Brasil pela Sony), o visitante era incitado a registrar suas ambições e preferências num "caderno de anotações", já previamente preenchido pelos protagonistas do seriado juvenil (apresentados como indivíduos de carne e osso). A sensação de envolvimento com a "vida real" de Dawson, Pacey e Joey era reforçada pelo acesso às confidências e revelações contidas nos "Diários de Verão" e no computador pessoal dos personagens. Para sacramentar os laços da amizade virtual, recomendava-se uma visita ao site da grife J.Crew, onde era disponibilizado o guarda-roupa completo dos astros do seriado. A imersão no mundo de *Dawson's Creek* poderia ser complementada, ainda, pela aquisição da trilha sonora de cada episódio ou de romances lançados no intervalo entre uma temporada e outra. Mais do que um artefato cultural isolado, encerrado em si mesmo, o programa almejava servir, portanto, como ponto de partida para um conjunto de interações de caráter mercantil:

> Em vez de esperar pelo próximo episódio, o fã é convidado a ampliar os prazeres do programa, permitindo que a atração seja incorporada ao seu cotidiano para além das fronteiras da grade de programação. Em vez de um episódio semanal de uma hora de duração, *Dawson's Creek* é construído como uma experiência contínua: assista ao show novamente em vídeo, integre o grupo de discussão, envie para os amigos cartões postais eletrônicos com a marca do programa, leia informações adicionais sobre a série em versões romanceadas de U$5, compre uma blusa igual à da Jen, compre a música que estava tocando quando Joey beijou Pacey, e até mesmo escreva um final alternativo e compartilhe num site de fã *[acoplado ao e supervisionado pelo site oficial]* (573).

Ao mesmo tempo que estimulam o engajamento interativo e imersivo comercialmente estruturado, os executivos das indústrias do entretenimento se mostram preocupados em vigiar, cooptar e, se for necessário, censurar formas não-oficiais de devoção e expressão criativa dos fãs, identificadas como concorrentes ou corruptoras dos significados "originais" dos bens corporativos.

A ansiedade em relação ao controle do fluxo de imagens e informação vem motivando as corporações a fazer um uso inventivo de leis de *copyright* para assegurar direitos exclusivos acerca de tudo (das orelhas pontudas de

Spock à capa do Super-Homem), além de batalhar para evitar que obras caiam em domínio público antes que todo o seu valor simbólico e econômico tenha sido drenado.

As estratégias adotadas nos Estados Unidos e na Europa para lidar com os *fãs infratores* variam da intimidação à sedução. A partir de meados dos anos 1990, gigantes do mundo corporativo como a Paramount-Viacom, a Disney, a Fox e a Warner passaram a enviar amedrontadoras cartas de advertência conhecidas como "cease and desist" (cesse e desista), dando, em geral, um prazo de 24 horas para que os responsáveis por sites de tributo não-oficiais de *Arquivo X*, *Buffy, a Caça Vampiros*, *Jornadas nas Estrelas*, *Harry Potter*, *Os Simpsons*, entre outros, removessem o "material pirata" – fotografias, videoclipes, excertos de roteiros, sumários de episódio, *fan fictions*... (Powers, 2000; Walker, 2000; Coombe e Herman, 2001; Harmon, 2002; Consalvo, 2003; Murray, 2004). Sentindo que sua zelosa dedicação foi desrespeitada, os fãs organizam, às vezes, ações coletivas contra as reprimendas efetuadas pelos estúdios – escrevem petições, insuflam boicotes aos produtos corporativos, promovem a suspensão temporária de suas atividades *on-line*, coordenam campanhas anticensórias a partir da fundação de grupos como The Online Freedom Federation e X-Factor – X-Philes For Abolishing Censorship Threatening Our Rights (Jones, 2003: 169).[27]

[27] Na preparação para o lançamento do site oficial do filme *Harry Porter*, em 2001, o setor jurídico da Warner Bros. notificou os responsáveis por 107 sites cujos endereços incorporavam nomes, títulos ou palavras-chave dos livros do pequeno bruxo, sob a alegação de que as páginas dos fãs "confundiam o consumidor" e "diluíam os direitos de propriedade intelectual". Em resposta às medidas contra a sua liberdade de expressão, os fãs adolescentes organizaram uma campanha global de protesto *on-line*, intitulada "Potter War", nos Estados Unidos, e "Defense Against the Dark Arts", na Grã-Bretanha. O manifesto da aliança de fãs propunha o veto a quaisquer produtos criados ou subsidiados pela AOL-Time Warner — com a exceção significativa dos romances originais. As manobras coercitivas da corporação foram acusadas de conspurcar, com seu espírito mercenário, o amor das crianças pela ficção concebida por J. K. Rowling: "Não devemos esquecer que nós amamos os livros em primeiro lugar, não as mercadorias" (Murray 2004: 15). Diante da repercussão do episódio na grande mídia, Diane Nelson, vice-presidente da Warner Bros., declarou publicamente que a medida jurídica tomada pelo estúdio fora um ato "ingênuo", "um equívoco de comunicação" (apud Jenkins, 2006b: 187).

A saga *Guerra nas Estrelas* – um dos maiores mananciais do ímpeto produtivo dos fãs – é um ótimo exemplo da dinâmica da convergência midiática, bem como do conflito de papéis de produtor e consumidor que marca a relação entre os criadores de *fan films* e os executivos dos conglomerados midiáticos. Embora a segunda trilogia esteja separada da primeira por quase duas décadas, a Lucasfilm sempre procurou lançar mercadorias referentes a *Guerra nas Estrelas*, convertendo seu universo em uma franquia que inclui romances, histórias em quadrinhos, brinquedos, videogames, roupas e acessórios, fitas de vídeo, DVDs etc. De certa forma, a empresa procurou capitalizar em cima do desejo dos fãs por novidades, criando paliativos enquanto não retomava a série; os fãs, por sua vez, recorriam a um recurso similar, desenvolvendo seus próprios objetos culturais para preencher o vácuo deixado pela indústria.

Um levantamento de 2003 apurou a existência de mais de 300 *fan films* inspirados na criação de George Lucas, além de uma quantidade ainda maior em fase de produção (Jenkins, 2003: 283). Certas realizações chamam a atenção por seu caráter absolutamente despretensioso: *Kid Wars*, por exemplo, foi dirigido por um colegial de apenas 14 anos, Dana Smith, que acabara de adquirir uma câmera digital e resolveu encenar uma batalha de sabre com seu irmão mais novo e um grupo de amigos; *The Jedi Who Loves Me* foi concebido por convidados de uma festa de casamento como tributo aos noivos, fãs de carteirinha de *Star Wars*. Outras realizações apresentam concepção mais aprimorada e alcançam maior repercussão – é o caso de *Park Wars: The Little Menace*, versão de *Guerra nas Estrelas* protagonizada pelas crianças traquinas do desenho animado adulto *South Park*. Os criadores do *fan film*, Ayas Asif e Ted Bracewell, foram entrevistados em um documentário do Sci-Fi Channel, e sua produção amadora acabou sendo exibida na Comedy Central, a mesma rede de TV que produz *South Park* (veiculado no Brasil pelo Multishow).

Com uma Canon XL1S, a colaboração criativa de uma equipe de mais 200 pessoas (entre atores, cinegrafistas e músicos) e um orçamento de U$ 20 mil (bastante elevado para os padrões dos *fan films*), Shane Felux, um designer gráfico norte-americano, conseguiu concretizar em três anos talvez a releitura mais ambiciosa da mitologia idealizada por George Lucas: *Revelations* (2005), média-metragem de 40 minutos de duração, com efeitos especiais e figurinos surpreendentemente convincentes. “Quando começamos *Revelations*, pensamos primeiro em mostrar como poderíamos utilizar a tecnologia para fazer um filme 'high-tech' independente, totalmente caseiro", explica Felux. O filme, segundo ele, não teria sido possível sem a internet: "Minha equipe de efeitos especiais é formada por pessoas de várias partes do mundo *[Canadá, Lituânia, Austrália, Estados Unidos]*. Nunca tinha conversado com a maioria delas antes de começar o projeto" (apud Ferreira, 2005).

Disponível para *download* gratuito na internet (www.panicstruckpro.com), *Revelations* já atraiu cerca de três milhões de espectadores de diversos cantos do globo. A *première* do filme, em Portland, reuniu mais de 900 pessoas, com direito até a tapete vermelho na entrada da sala de exibição. Apesar de toda notoriedade na grande mídia e nas publicações norte-americanas especializadas em cinema e ficção científica, o filme não trouxe recompensa financeira para seu criador – "A idéia não era mesmo ganhar dinheiro. Era fazer um filme para os fãs se divertirem", afirma Felux (idem, ibidem).

A ausência de ambição pecuniária, compartilhada pela maioria dos *fan films*, não tem sido critério suficiente para que a Lucasfilm abençoe as inúmeras versões amadoras de *Guerra nas Estrelas*. A empresa fez o possível para impedir judicialmente a circulação de *Star Wars 1.1: The Phantom Edit*, lançado logo após a produção oficial *Star Wars: Episode I The Phantom Menace* (1999). Dirigido por Mike Nichols (montador de filmes *freelancer*), o *fan film* exclui a maioria das cenas em que aparece o pouco estimado personagem Jar Jar Binks. A ação legal da empresa e as críticas públicas de George Lucas levaram Nichols a especular, em seu site na internet, se *Star Wars: Episode II Attack of the Clones* poderia inspirar a criação de *Star Wars 2. 1: Attack of the Fans*...

Temendo que a investida de fãs contrariados acabe mesmo ganhando proporções massivas, as corporações costumam alternar represálias jurídicas com premiações que visam estimular as produções amadoras a aderir a modelos narrativos e canais de distribuição legalmente respeitáveis. O *Star Wars* Fan Film Awards, criado pela Lucasfilm em 2002, admite a participação somente de paródias e documentários (gêneros cuja proteção pela primeira emenda da constituição estadunidense está bem sedimentada); foram excomungadas do concurso, porém: a) tentativas sérias de reinterpretação da saga original ("Você não deve tentar expandir o universo de *Guerras nas Estrelas* já existente"); b) filmes que se apropriam de músicas e imagens (paradas ou em movimento) das produções oficiais; c) filmes contendo nudez, uso excessivo de palavrões ou cenas explícitas de sexo e violência; d) filmes com duração superior a 10 minutos (www.atomfilms.com/af/spotlight/collections/starwars/submit.html). "Temos sido bastante cuidadosos ao definir onde devemos impor os limites", declarou Jim Ward, vice-presidente de marketing da Lucasfilm, a propósito das restrições da premiação. "Amamos nossos fãs. Queremos que eles se divirtam. Mas usar nossos personagens para criar uma nova história não corresponde ao que acreditamos constituir o espírito da idolatria. Ser um fã é celebrar a história tal qual ela é" (apud Harmon, 2002).

Os fãs de *Guerra nas Estrelas* têm reagido de maneiras distintas às intervenções em sua expressão criativa. A fim de habilitar-se a concorrer a uma das categorias do concurso da Lucasfilm (incluindo o cobiçado *Star Wars* Fan Film Awards George Lucas Selects, que oferece US$ 2 mil ao vencedor, além do reconhecimento do criador da saga), o designer gráfico Victor Martin concordou em cortar as cenas do seu *Darth Vader: The Rudy Pirany Story* em que o protagonista (um ator incapaz de encontrar novas ofertas de trabalho, após interpretar o vilão de *Guerra nas Estrelas*) compra cocaína de Yoda e participa de uma produção pornográfica. O técnico em computação gráfica Mazen Malawi, por sua vez, decidiu boicotar o evento, depois que o seu *Seeds of Darkness* (um drama passado entre a primeira e a segunda trilogias de *Guerra nas Estrelas*) foi impedido de entrar na competição; anteriormente, a Lucasfilm já proibira a veiculação de trechos do *fan film* ("uma tentativa séria de reinterpretação da saga original") na PBS, a televisão pública norte-americana. "A galáxia tem lugar para todo mundo. Não estamos cobrando dinheiro, apenas reconhecimento", lastimou o cineasta amador.

Ninguém ignora, obviamente, a utilidade comercial das redes transnacionais de fãs para as estruturas corporativas de marketing e publicidade. As comunidades de entusiastas funcionam como fontes privilegiadas para pesquisas de opinião, exuberantes nichos de mercado e criadoras de sites e blogs assiduamente visitados, com notícias, resenhas, discussões e *trailers* de seriados e filmes já lançados comercialmente ou ainda em fase de produção. Emergentes reconfigurações das formas de produção, distribuição e consumo cultural vêm suscitando, todavia, conflitos ocasionais entre as prioridades legais e de marketing das indústrias do entretenimento. A legislação sobre a propriedade intelectual não representava uma questão tão relevante para as empresas de mídia, enquanto as manifestações culturais da tietagem eram transmitidas por circuitos mais *underground*; a internet, porém, aumentou exponencialmente a facilidade, a velocidade e a visibilidade da produção e difusão das intervenções criativas dos fãs.

> *On-line*, são necessários apenas alguns cliques no *mouse* para acessar arquivos de vídeo e som, acervos de *fan fiction*, galerias de fotografias, desenhos e *fan art*, protetores de tela com qualidade profissional, *e-journals* produzidos por fãs, salas de bate-papo e listas de *e-mail*. Enquanto um fanzine bem-sucedido nos anos 1970 poderia atingir algumas centenas de fãs, hoje um *site* bem-sucedido pode acumular milhares, até mesmo milhões, de acessos (Jones, 2003: 168).[28]

A rede mundial de computadores avulta, neste contexto, como um eventual campo de batalha entre a visão de fãs que encaram utopicamente as novas mídias digitais e o ciberespaço como plataformas para a livre expressão e participação cultural e as prevalecentes hierarquias de acesso, poder e discurso.

Para captar todas as nuanças desta inusitada colisão de interesses entre as indústrias do entretenimento e seus habituais aliados, é preciso certamente rever e superar o antagonismo entre a preocupação da economia política com questões de produção (estrutura, organização, controle, poder institucional) e a ênfase de teóricos dos estudos culturais nas dimensões do texto e da recepção (polissemia, resistência, agenciamento, 'empoderamento'), procurando situar adequadamente tanto as atividades criativas e autorais dos fãs quanto o potencial democrático das novas tecnologias dentro do quadro de constrangimentos materiais e legais no qual elas invariavelmente operam.

Referências bibliográficas

ALLINGTON, Daniel. "How come most people don't see it?": slashing *The Lord of the Rings*. *Social Semiotics*, vol. 17, n° 1, p. 43-62, 2007.

ANG, Ien. *Watching Dallas: soap opera and the melodramatic imagination*. Londres: Methuen, 1985.

---

[28] A autora menciona como exemplo o site "Tom's Xena" (dedicado ao seriado *Xena, a Princesa Guerreira*) que registrou 5,5 milhões de acessos, em outubro de 2001 (idem: 176).

BACON-SMITH, Camille. *Enterprising women: television fandom and the creation of popular myth*. Filadélfia: University of Pennsylvania Press, 1992.

BAYM, Nancy. *Tune in, log on: soaps, fandom, and online community*. Thousand Oaks, CA: Sage, 2000.

BURR, Vivien. Scholar/'shippers and Spikeaholics: academic and fan identities at the Slayage Conference on Buffy the Vampire Slayer. *European Journal of Cultural Studies*, vol. 8, n° 3, p. 375-383, 2005.

BROOKER, Will. *Using the force: creativity, community and Star Wars fans*. Nova Iorque: Continuum, 2002.

________. Living on *Dawson's Creek*: teen viewers, cultural convergence and television overflow. In: HILL, Annette; ALLEN, Roger C. (eds.). *The television studies reader*, p. 569-580. Londres: Routledge, 2004.

BURY, Rhiannon. *Cyberspaces of their own: female fandoms online*. Nova Iorque: Peter Lang, 2005.

BUSSE, Kristina; HELLEKSON, Karen. Introduction: work in progress. In: HELLEKSON, Karen; BUSSE, Kristina (eds.). *Fan fiction and fan communities in the age of the Internet*, p. 5-40. Londres: McFarland & Company, Inc., 2006.

CICIONI, Mirna. Male pair-bonds and female desire in fan slash writing. In: HARRIS, Cheryl; ALEXANDER, Alison (eds.). *Theorizing fandom: fans, subculture and identity*, p. 153-178. Nova Jérsei: Hampton Press, 1998.

CONSALVO, Mia Cyber-slaying media fans: code, digital poaching, and corporate control of the Internet. *Journal of Communication Inquiry*, vol. 27, n° 1, p. 67-86, 2003.

COOMBE, Rosemary; HERMAN, Andrew. Culture wars on the Net: trademarks, consumer politics and corporate accountability on the World Wide Web. *South Atlantic Quarterly*, vol. 98, n° 1, p. 917-945, 2001.

CURI, Pedro Peixoto. Luz, câmera e a ação dos fãs: *fan films* e produção cultural. Monografia de Conclusão de Curso. Escola de Comunicação da Universidade Federal do Rio de Janeiro, 2005.

De CERTEAU, Michel. *A invenção do cotidiano*. Petrópolis, RJ: Vozes, 1994 [1980].

DELL, Chad. "Lookit that hunk of man!": subversive pleasures, female fandom, and professional wrestling. In: HARRIS, Cheryl; ALEXANDER, Alison (eds.). *Theorizing fandom: fans, subculture and identity*, p. 87-108. Nova Jérsei: Hampton Press, 1998.

ESSENFELDER, Renato. Internet multiplica filmes feitos por fãs. *Folha de S. Paulo*, Ilustrada, 28 jan. 2007, p. 4.

FERNANDES, Fernanda Marques. Em busca da autenticidade: música, estilo de vida e produção midiática na cena de rock alternativo independente carioca. Dissertação de Mestrado. Escola de Comunicação da Universidade Federal do Rio de Janeiro, 2007.

FERREIRA, Adriana. Amador ganha fama com "Star Wars" caseiro. *Folha de S. Paulo*, Ilustrada, 31 jul. 2005, p. 6.

FISKE, John. *Television culture*. Londres: Routledge, 1989a

________. *Understanding popular culture*. Londres: Unwin Hyman, 1989b.

________. The cultural economy of fandom. In: LEWIS, Lisa A. (org.). *The adoring audience: fan culture and popular media*, p. 30-49. Londres: Routledge, 2001 [1992].

FREIRE FILHO, João *et al*. Apropriações indébitas? Uma análise do circuito cultural dos *fan films*. In: FREIRE-MEDEIROS, Bianca; VAZ da COSTA, Maria Helena Braga (orgs.). *Imagens marginais*, p. 163-182. Natal: EDUFRN, 2006.

GITLIN, Todd. *Mídia sem limites: como a torrente de imagens e sons domina nossas vidas*. Rio de Janeiro: Civilização Brasileira, 2003.

GREEN, Shoshanna *et al*. Normal female interest in men bonking: selections from *The Terra Nostra Underground* and *Strange Bedfellows*. In: HARRIS, Cheryl; ALEXANDER, Alison (eds.). *Theorizing fandom: fans, subculture and identity*, p. 9-38. Nova Jérsei: Hampton Press, 1998.

HARMON, Amy. *Star Wars* fan films come tumbling back to earth. *The New York Times*, 28 abri. 2002. Disponível em http://www.riorevuelto.org/site/ip/ventana.php?id_articulo=985. Acesso em 22 jun. 2005.

HILLS, Matt. *Fan cultures*. Nova Iorque: Routledge, 2002.

HODKINSON, Paul. "Insider research" in the study of youth cultures. *Journal of Youth Studies*, vol. 8, n° 2, p.131-149, 2005.

JENKINS, Henry. *Textual poachers: television fans and participatory culture*. Nova Iorque: Routledge, 1992.

________. "At other times, like females": gender and *Star Trek* fan fiction. In: TULLOCH, John e JENKINS, Henry. *Science fiction audiences: watching Doctor Who and Star Trek*, p. 196-212. Londres: Routledge, 1995.

________. Foreword. In: LANCASTER, Kurt. *Interacting with Babylon 5: fan performances in a media universe*, p. xv-xxi. Austin: University of Texas Press, 2001.

________. *Fans, bloggers and gamers: exploring participatory culture*. Nova Iorque: New York University Press, 2006a.

________. *Convergence culture: where old and new media collide*. Nova Iorque: New York University Press, 2006b.

JENKINS, Henry *et al*. The culture that sticks to your skin: a manifesto for a new cultural studies. In: JENKINS, Henry *et al* (eds.). *Hop on pop: the politics and pleasures of popular culture*, p. 3-26. Londres: Duke University Press, 2002.

JENSON, Joli. Fandom as pathology: the consequences of characterization. In: LEWIS, Lisa A. (org.). *The adoring audience: fan culture and popular media*, p. 9-29. Londres: Routledge, 2001 [1992].

JONES, Sara Gwenllian. Web wars: resistance, online fandom and studio censorship. In: JANCOVICH, Mark; LYONS, James (eds). *Quality popular television: cult TV, the industry, and fans*, p. 163-177. Londres: British Film Institute Publishing, 2003.

KELLY, William W.. Introduction: locating the fans. In: KELLY, William W. (ed.). *Fanning the flames: fans and consumer culture in contemporary Japan*, p. 1-16. Albany: State University of New York Press, 2004.

KATYAL, Sonia. Performance, property, and the slashing of gender in fan fiction. *Journal of Gender, Social Policy & the Law*, vol. 14, n° 3, p. 463-518, 2006.

KUSTRITZ, Anne. Slashing the romance narrative. *Journal of American Culture,* vol. 26, n° 3, p. 371-385, 2003.

LANCASTER, Kurt. *Interacting with Babylon 5: fan performances in a media universe*. Austin: University of Texas Press, 2001.

LÉVY, Pierre. *A inteligência coletiva: por uma antropologia do ciberespaço*. São Paulo: Loyola, 2000.

LEWIS, Lisa A. Introduction. In: LEWIS, Lisa A. (org.). *The adoring audience: fan culture and popular media*, p. 1-6. Londres: Routledge, 2001 [1992].

MERRICK, Helen. The readers feminism doesn't see: feminist fans, critics and science fiction. CARTMELL, Deborah *et al* (eds.). *Trash aesthetics: popular culture and its audience*, p. 48-65. Londres: Pluto Press, 1997.

McKEE, Alan. Fandom. In: MILLER, Toby (ed.). *Television studies*, p. 66-69. Londres: BFI, 2002.

MONTEIRO, Tiago José Lemos. As práticas do fã: identidade, consumo e produção midiática. Dissertação de mestrado. Programa de Pós-graduação da Escola de Comunicação da Universidade Federal do Rio de Janeiro, 2007.

MURRAY, Simone. "Celebrating the story the way it is": cultural studies, corporate media and the contested utility of fandom. *Continuum: Journal of Media & Cultural Studies*, vol. 18, n° 1, p. 7-25, 2004.

PENLEY, Constance. Brownian motion: women, tactics, and technology. In: PENLEY, Constance; ROSS, Andrew (eds.). *Technoculture*, p. 135-161. Mineápolis: University of Minnesota Press, 1991.

________. Feminism, psychoanalysis, and the study of popular culture. In: GROSSBERG, Lawrence *et al* (eds). *Cultural studies*, p. 479-500. Londres: Routledge, 1992.

POWERS, Ann. Fans go interactive, and popular culture feels the tremors. *The New York Times*, 20 set. 2000. Disponível em: http://partners.nytimes.com/library/tech/00/09/ biztech/technology/20powers.html. Acesso em maio de 2005.

PUGH, Sheenagh. *The democratic genre: fan fiction in a literary context*. Bridgend: Seren Books, 2005.

RADWAY, Janice. *Reading the romance: women, patriarchy, and popular culture*. Chapel Hill: University of North Carolina Press, 1984.

RUSS, Joanna. Pornography by women, for women, with love. In: *Magic mommas, trembling sisters, puritans and perverts: feminist essays*, p. 79-99. Nova Iorque: Crossing Press, 1985.

SANDVOSS, Cornel. *Fans: the mirror of consumption*. Cambridge: Polity, 2005.

SHEFRIN, Elana. *Lord of the Rings*, *Star Wars*, and participatory fandom: mapping new congruencies between the Internet and media entertainment culture. *Critical Studies in Media Communication,* vol. 21, n° 3, p. 261-281, 2004.

TULLOCH, John. *Doctor Who: the unfolding text*. Londres: St. Martin's, 1983.

URRICCHI, William. Beyond the great divide: collaborative networks and the challenge to dominant conceptions of creative industries. *International Journal of Cultural Studies,* vol. 7, n° 1, p. 79-90, 2004.

WALKER, Jesse. Copy catfight. *Reason*, mar. 2000. Disponível em http://www.reason.com/0003/fe.jw.copy.shtml. Acesso em maio de 2005.

WOLEDGE, Elizabeth. Decoding desire: from Kirk and Spock to K/S. *Social Semiotics*, vol. 15, n° 2, p. 235-250, 2005.

________. Intimatopia: genre intersections between slash and the mainstream. In: HELLEKSON, Karen; BUSSE, Kristina (eds.). *Fan fiction and fan communities in the age of the Internet*, p. 97-114. Londres: McFarland & Company, Inc., 2006.

Capítulo 3

Como ser uma "Adolescente Liberada" no Terceiro Milênio

"Elas apresentam um perfeito calidoscópio de sedas e veludo, rendas e jóias, livros caros e música, pinturas e estátuas, rifles e raquetes, confecções e garrafas ambaradas, tudo de imaginável para o uso ou o luxo, plasmado em perfeita afluência e exibido da maneira mais atraente possível", registrou o autor do guia turístico *Handbook of New York City* (1892), pasmo diante da variegada opulência das vitrines de uma loja de departamentos em Manhattan (apud Abelson, 1992: 71).

Instituídas nas metrópoles estadunidenses e européias por volta da segunda metade do século XIX, as lojas de departamento vieram atender às demandas do mercado possibilitadas pela concentração massiva de capital e de pessoas e pela expansão do sistema de transporte. Sua intenção era exibir os bens de consumo, mesmo aqueles mais prosaicos, de maneira deleitosa para o olhar e os outros sentidos. Não eram poupados esforços para forjar uma atmosfera que enaltecesse as qualidades ou faculdades superlativas da mercadoria, sem a necessidade da retórica humana adicional. Nos projetos mais ambiciosos, o *décor* tradicional dos palácios aristocráticos era evocado pelos ambientes modernos e democráticos do consumo de massa: arquiteturas deslumbrantes; fachadas luminosas; cúpulas enfeitadas com cariátides e estátuas de deuses gregos; entradas cerimoniais; interiores com aparência suntuosa (lustres gigantescos pendurados no teto; pisos de mármore ou carpetes orientais; colunas douradas; figuras alegóricas de bronze segurando candelabros; sacadas, maçanetas e corrimões com *design* intrincado; um festival de pinturas, cerâmicas e espelhos imensos), entre outros impactos monumentais, irradiavam uma aura de bonança, luxo e fascínio sobre a avalanche de mercadorias – em regra, itens baratos, produzidos em massa (tecidos, roupas, máquinas de costura, brinquedos, mobiliário, porcelana, bibelôs, alimentos, bebidas etc.).

A quimera se nutria de uma trapaça original: embora o arranjo ornamental das lojas de departamentos fosse designado para impressionar o público com uma visão digna de um Palácio de Versalhes, no "*demi-monde* estético" (Williams 1991: 71) da corte comercial a matéria-prima que afiançava o efeito espetacular (mogno, mármore, bronze) não passava, muitas vezes, de pura imitação...

As artimanhas empresariais não paravam por aí. Tal como nos teatros, o espetáculo orquestrado para deslumbrar a multidão itinerante e incitá-la à compra da felicidade, do conforto e da distinção escamoteava a maquinaria de palco (as reais condições de produção e poder) por trás da ilusão visível: os complexos mecanismos de organização, cálculo e controle; o sistema de segurança (vigias e detetives particulares, sempre à espreita); o treinamento meticuloso dos funcionários (discretamente alertas e solícitos); a armazenagem de estoque; as ordens de compra, livros fiscais, livros de ponto; os suportes técnicos que interligavam as diferentes lojas; elevadores de serviço... Enfim, todas as relações sociais e todos os dispositivos materiais que sustentavam o mundo de sonhos da mercadoria.

Em seu processo de edificação, os oníricos Palácios das Compras se apoderaram de áreas previamente ocupadas por pequenos estabelecimentos comerciais. Para ser erguida na Oxford Street de Londres, a monumental Selfridge's (24 metros de altura; oito andares; nove elevadores sociais; 24 mil metros quadrados; cem departamentos; 21 vitrines de vidro laminado) expulsou cerca de uma dúzia de lojistas (tapeceiros, chapeleiros, costureiras, alfaiates, peixeiros, antiquários...) e demoliu casas de cômodos, estábulos, armazéns, um *pub*, uma escola e um abrigo para garotas da classe trabalhadora (Rappaport, 2001: 142-177).

Anunciada ao som de trombetas, a inauguração da Selfridge's deixou a aglomeração de curiosos de queixo caído, na manhã de 15 de março de 1909. Gordon Selfridge cuidara de cada detalhe para que a sua loja fosse encarada como um teatro pelos futuros clientes. Antes da conclusão da obra, mandara cobrir todas as vitrines com volumosas cortinas de seda, idênticas às das mais sofisticadas casas de espetáculos dramáticos; em vez de um amontoado de bens empilhados, manequins em poses naturais foram dispostos à frente de fundos de cena pintados artisticamente. As premeditadas semelhanças entre mostruário comercial e palco teatral foram reforçadas pela imprensa: "O mais impressionante de tudo", afirmou um jornalista, "foram as luzes e sombras atrás das cortinas abertas na grande fileira de vitrines, sugerindo que uma peça maravilhosa estava sendo montada"; quando, afinal, os funcionários abriram as cortinas, teriam revelado uma visão tão fabulosa que um outro repórter comparou a multidão diante do evento com espectadores de "uma cena de alguma peça da moda" (idem: 143).

Os proprietários das lojas de departamento lançavam mão, com efeito, dos mais diferentes recursos para justificar o domínio sobre fatias tão extensas do espaço urbano e do mercado. Disponibilizavam entretenimentos sensacionais (campos de tiro, rinques de patinação, zoológicos), além de uma série de brindes e *souvenirs* (flores, sorvetes, agendas) e comodidades e serviços (muitas vezes, gratuitos): restaurantes; salões de chá, de cabeleireiro, de leitura e de concerto; bibliotecas; teatros; cinemas; exposições de pintura; cursos de culinária; bancos; agências de viagem; postos do correio e de primeiros socorros; pequenas creches; sem esquecer do "repouso reparador" na Sala do Silêncio.

Receosos de que as estratégias de marketing e os rapapés feitos aos visitantes fossem insuficientes para legitimar o status social de seus empreendimentos, os administradores das lojas de departamento procuravam influenciar diretamente a opinião da imprensa massiva: além de conquistar o bolso e o coração dos proprietários com doses fartas de amplos anúncios (elaborados de acordo com as mais novas técnicas de impressão e embelezamento gráfico, como a fotogravura e a cromolitografia), concediam pequenos obséquios aos jornalistas (jantares, telefonemas grátis...). Devido a convicções ideológicas, constrangimentos financeiros e/ou favorecimentos pessoais, Gordon Selfridge, Aristide Boucicaut (fundador do lendário Bon Marché), Marshall Field (proprietário da Marshall Field & Company, de Chicago), entre outros barões do comércio, foram aclamados como "Alexandres Modernos" por boa parte dos jornais de grande circulação e pela imprensa especializada em negócios. "Dado o sofrimento no mundo, não há dúvida de que homens como Field, que abaixam o custo de vida, são mais valorosos do que homens como Shakespeare", pontificou um professor da Universidade de Chicago, nas páginas do *Dry Goods Economist* (05/12/1896); batendo na mesma tecla, o *New York World* já especulara, em março de 1872, que provavelmente era impossível encontrar um melhor candidato para presidente do que o comandante bem-sucedido de um grande empório moderno (apud Abelson ,1992: 5, 216).

Numa reveladora inversão de valores, à medida que os estabelecimentos comerciais aumentavam de tamanho e firmavam sua identidade e seu prestígio como componentes do espaço urbano, as ruas das metrópoles passavam a ser descritas, com regularidade, como "corredores das lojas de departamento" (idem: 70).

Discussões sobre o poder redentor do consumo como fator de prosperidade nacional e emancipação individual ganharam realce, então, na esfera pública, mobilizando homens de negócio e lideranças políticas, culturais e científicas de todo o espectro ideológico, interessados em regular o mercado e os seus modelos correlatos de subjetividade, sociabilidade, refinamento estético e cidadania.

A propalada emergência de patologias relacionadas com a exibição espetacular de mercadorias nas lojas de departamento – como o *consumo compulsivo* e a *cleptomania*, "novos estilos de neurose" alegadamente femininos – incitava debates morais, médicos e socioeconômicos (Abelson, 1989; Tiersten, 2001: 46-54). A associação imediata entre as recém-descobertas "*desordens* consumistas" (que, por definição, pressupõem a existência de um "consumismo sadio") e a feminilidade, além de obscurecer a efetiva presença dos homens no mundo das compras, desviava para o campo da biologia ou da psicologia das mulheres a crítica sistêmica à *ordem* capitalista, à sociedade produtora de mercadorias.

Empresários e árbitros da elegância (colunistas sociais, jornalistas de moda, especialistas em decoração e etiqueta, donos de lojas de departamento) buscavam rechaçar, por sua vez, a imagem de força social potencialmente desestabilizadora atrelada às novas práticas e espaços comerciais, redefinindo o próprio sentido das compras. Elas seriam não mais uma atividade econômica maçante; tampouco um prazer indulgente, frívolo, desregrado (capaz de arruinar a moral das esposas e as finanças do marido), mas, sim, uma atividade ou um evento social e cultural respeitável, particularmente atrativo para as mulheres, confinadas, até aquele momento, ao ramerrame da esfera doméstica.

Confundindo propositadamente as fronteiras entre editorial e propaganda, Gordon Selfridge – na coluna diária que publicou nos jornais ingleses entre 1912 e 1939, sob o pseudônimo de Callisthenes (o sobrinho de Aristóteles, responsável por documentar as explorações de Alexandre, o Grande) – procurou sedimentar a percepção das lojas de departamento como uma espécie de Éden moderno, onde as mulheres podiam se encontrar, conversar, comer, festejar, sem serem importunadas pelas atribulações das metrópoles. Tais argumentos eram reforçados pelo arsenal explicitamente publicitário da Selfridge's, munido de imagens sugestivas e slogans memoráveis. De maneira tipicamente paradoxal, enquanto alguns anúncios apresentavam a loja como uma extensão do lar no espaço público, outros procuravam contrastar a tediosa rotina doméstica burguesa com as liberdades e os prazeres propiciados pelos novos estabelecimentos comerciais, onde as compras haviam se tornado uma questão de investigação, escolha e satisfação individual.

(Auto)proclamado como o principal artífice de uma esfera pública de prazer feminino na Londres vitoriana, Selfridge se vangloriou diante de um de seus executivos: "Ajudei a emancipar as mulheres... Apareci justamente no momento em que elas queriam sair por conta própria" (apud Rappaport, 2001: 160). Na realidade, o empresário norte-americano soube favorecer-se comercialmente de transformações limitadas já em andamento nas atividades das mulheres, sem preocupar-se, de fato, em promover um abalo significativo nos pilares da ordem patriarcal. Além disso, as eventuais perturbações das normas genéricas instigadas pela nova paisagem comercial eram contrabalançadas pela institucionalização de estereótipos da feminilidade em diversos níveis: a) através do uso genericamente determinado das cores na decoração das lojas; b) da criação de espaços específicos para a recuperação das clientes (cujo corpo supostamente mais frágil necessitava de atenção e proteção especial); c) da crescente reificação das mulheres como objetos de desejo na publicidade.

Ainda assim, as palavras de louvor às instituições comerciais repercutiram não só entre as consumidoras do final do século XIX, como também entre as *scholars* do final do século passado. Em tom hagiográfico, Nava (1996, 1998, 2002) salienta que Gordon Selfridge não era somente um "comerciante visionário" e um "publicitário inovador" – distinguia-se, também, como um "escritor prolífico", um "defensor das sufragistas", um "partidário do feminismo", um "promotor de melhores condições de trabalho para as funcionárias"[29]; tratava-se, ainda, de um "ardente cosmopolita", que abria as portas de sua loja para todas as raças e nacionalidades, por

[29] Selfridge alterou, com efeito, os métodos de gestão de pessoal, mas não exatamente da forma benevolente sugerida por Nava — na realidade, o magnata estadunidense foi o primeiro lojista a adotar os "científicos" princípios tayloristas de controle do *staff*: "A Harrods usava o modelo paternalista para conseguir a plenitude da dedicação filial das empregadas da loja, cujo bem-estar individual estava subordinado ao sucesso coletivo da empresa, apresentada como uma segunda família; a Selfridge's, em contraste, usava a retórica do progresso individual e da mobilidade ascendente como parte dos seus métodos 'democráticos' de liderança. A retórica da eficiência racional

intermédio de anúncios publicados em 26 idiomas. Selfridge e outros benfeitores públicos do seu quilate haviam propiciado às mulheres das metrópoles ocidentais um alargamento do espaço social – notoriamente luxuriante e sedutor, embora "não houvesse obrigação de comprar". Por mais estranho que possa parecer, Nava tenta persuadir o leitor de que os ganhos financeiros de Selfridge eram resultado, e não finalidade precípua, do seu "cosmopolitismo" e "feminismo" – um discurso desabonadoramente similar ao dos próprios donos das lojas de departamento do século XIX.[30]

Na perspectiva revisionista de Nava (1997, 1998, 2000, 2002) e de outras autoras (Ganetz, 1995; Reekie, 1993; Tamari, 2006), a razão para o triunfo das lojas de departamentos não foram tanto as vantagens objetivas de preços mais baratos e maiores possibilidades de escolhas, ressaltadas através do uso intensivo e aprimorado de ferramentas de publicidade e marketing (anúncios de jornal, cartazes, folhetos, catálogos de compras). Mais significativo, ainda, foi o fato de aqueles estabelecimentos comerciais terem instaurado um conjunto completamente novo de interações e aptidões sociais no mundo das compras. Num espaço relativamente seguro e isento do controle dos homens, as mulheres podiam encontrar as amigas, trocar confidências e informações, escrever cartas para amantes e, mais importante, desenvolver sua autoridade e *expertise* de consumidora. As competências adquiridas não se restringiam ao orçamento e ao planejamento – também eram incrementadas as capacidades imaginativas mais complexas de codificação e decodificação dos cambiantes regimes visuais de classe e estilo de vida, incluindo o adornamento e a produção do *self*. Nos provadores de roupas e vestiários femininos, as clientes testavam produtos e faziam experiências com seu corpo e sua *persona*, ampliando a perícia na construção da

descrita no modelo da Selfridge's e o uso implícito do sistema científico de administração de Frederick Winslow Taylor escamoteavam uma versão diferente do labor na loja de departamento, em que o corpo feminino era transformado em uma figura anônima, com pouco acesso à mobilidade ascendente, exceto através da fantasia" (Sanders, 2006: 15).

[30] Em 1897, para citar um exemplo marcante, John Wanamaker afirmou que o seu lucrativo estabelecimento comercial não era uma loja "capitalista" ou de "propriedade privada", movida por "imperativos mercenários" — tratava-se, na verdade, de uma "loja do povo" (apud Leach, 1984: 331).

identidade e configuração da aparência. Resumindo: a auto-expressão franqueada pelo setor comercial fomentava a liberação das mulheres num mundo que, em regra, tentava lhes negar autonomia, independência e agenciamento.

Versão mais contemporânea das lojas de departamento, o *shopping center* também tem sido aclamado como um conspícuo aliado feminino. Nenhum discurso apologético supera, provavelmente, a euforia do encômio escrito por Backes (1997). Segundo a autora, as críticas costumeiras aos *shopping centers* desconsideram a "profunda distinção" entre *estrutura* e *prática* – ou seja, entre o alegado intento mercenário por trás do *design* e da organização espacial dos centros comerciais e as incontáveis formas de resistência engendradas por visitantes e clientes. Numa descrição tipicamente inspirada em John Fiske, Backes define os *shoppings* como um texto exuberante, uma pletora de signos, manejáveis por adolescentes, idosos, mulheres e outros grupos marginalizados, de acordo com seus interesses, seus desejos e suas experiências: "Esta manipulação resulta numa poética e num teatro que emana do povo, os compradores, já que qualquer um é livre para jogar com as imagens e criar uma história pessoal, ainda que breve, efêmera ou surreal" (1); "Os clientes jogam com as imagens, assinaturas semióticas da vida contemporânea, da mesma forma que um poeta ou um escritor pode brincar com as palavras ou um artista pode experimentar com a cor e a textura" (7). Lugar de formas cambiantes, o *shopping* está continuamente se redefinindo e reinventando – e encorajando os visitantes a fazer o mesmo. A fantasia envolvida neste jogo sugeriria o potencial para mudar a ordem social:

> As classes sociais são questionadas. Em muitos *shoppings*, o primeiro andar é identificado com as classes trabalhadoras; os andares de cima, com a elite. (...) Logo, uma simples subida pela escada rolante, em tais lugares, não é apenas uma viagem a um destino: é um ato de pilhagem de outra classe social (9).

Ao contrário da ágora grega e de outros espaços públicos "tradicionalmente hostis à presença feminina" (4), os *shoppings* acolhem as mulheres com particular apreço. No momento das compras, elas experimentam a sensação de domínio sobre a sua própria vida, já que qualquer aquisição e uso de mercadorias comporta uma dimensão "auto-simbólica":

Roupas, por exemplo, podem ser usadas de maneiras diversas daquelas que foram originariamente planejadas; isto estende o significado do objeto. E estende o poder do sujeito, já que a mulher pode apossar-se de um signo semiótico e exercer controle sobre o seu significado. Não há, em resumo, valores fixos (10).

Com o devido respeito às consumidoras...

A reavaliação histórica e teórica das instituições e atividades do consumo está ligada, em grande parte, a uma profunda sensação de fracasso da esquerda e da crítica feminista em granjear maior ressonância popular, no contexto da emergência do neoliberalismo nos Estados Unidos e na Inglaterra (Nava, 1992a; Hall, 1988; Hall e Jacques, 1996). Enquanto a direita apelava para o bom-senso do povo e denunciava o intelectualismo das classes dominantes, os socialistas "clássicos" se mostravam preocupados em reeducar e elevar os trabalhadores e as mulheres, a fim de libertá-los de sua "falsa consciência". O resultado, segundo Hermes (1995), era a consolidação de uma "relação desigual" entre, por exemplo, a autora feminista e as "mulheres comuns", contumazes leitoras de revistas femininas. A crítica de mídia assumia o papel da "profetisa e exorcista" que falava em nome de outras mulheres, concebidas, implicitamente, como incapazes de perceberem por si mesmas quão nocivos são os artefatos midiáticos – "Elas precisam ser esclarecidas; elas precisam de bons textos feministas, para serem salvas de sua falsa consciência" (1). Felski (2006), por sua vez, lastima que as convencionais abordagens feministas da beleza apresentem sempre a forma de um cálculo que converte signos manifestos de prazer em evidências do martírio feminino: "A racionalização por trás desta hermenêutica negativa é expor as estruturas profundas subjacentes às superfícies cativantes, mostrar que as fugazes experiências de encantamento e deleite afloram de histórias duradouras de sofrimento e subordinação" (273).

A partir do momento, contudo, em que as teorias da cultura e da subjetividade começaram a dar ênfase não só às noções de agenciamento pessoal, discernimento e resistência popular, como também à natureza fragmentária da fantasia e do desejo, o anseio pelas mercadorias foi deixando de significar, em si mesmo, evidência de ingenuidade e doutrinação. "O homem e a mulher de massa passaram a ser tratados com mais respeito do que antes", salienta Nava (1992a: 166). A "teoria da vitimização" vai caindo em descrédito – a maioria das abordagens do consumo feminino elaboradas desde o final dos anos 1980 assume o compromisso solene de respeitar as escolhas das mulheres como atos autônomos, em vez de resultado de pressões culturais, demandas corporais, influência da mídia e da moda. Ao rechaçar o "moralismo" e o "isolamento" predominante no pensamento feminista e de esquerda, esta mudança conceitual pretende "estabelecer as bases para uma política de resistência menos carregada de culpa e mais popular, que efetivamente busca pontos vulneráveis" (idem: 167).

Dentro do novo arcabouço analítico sedimentado na década de 1990, a "marginalização intelectual" ou "rejeição teórica" do consumo é vinculada, com tediosa regularidade, ao "elitismo" ou ao "puritanismo" de acadêmicos de ambos os sexos e às ansiedades tipicamente masculinas diante da crescente participação feminina no espaço público. Trata-se, evidentemente, de uma generalização abusiva. Uma coisa é reconhecer a presença significativa de estereótipos de gênero em discursos políticos, médicos, psicológicos e estéticos a respeito da índole feminina das massas, da cultura de massa e do consumo – reiteradamente associadas ao inconsciente, à sexualidade, à perda de identidade e de bases estáveis para o ego (Huyssen, 1986; Slater 2002: 40-66); outra, bem distinta, é lançar a pecha de "esnobe", "moralista" ou "misógino" sobre qualquer juízo negativo a respeito do aparato do consumismo ou dos produtos das indústrias culturais.

Mesmo correndo o risco de ser triplamente esconjurado, pretendo oferecer, nos próximos parágrafos, algumas réplicas às imaginativas validações da cultura comercial promovidas (dentro e fora da academia) pela *crítica pós-feminista* – notabilizada por seu empenho em desafiar os "dogmas" e o "puritanismo" do feminismo dos anos 1970, cuja carrancuda ideologia antibeleza e antimoda intimidaria, depreciaria e afastaria a maior parte das mulheres.[31] No lugar da rejeição dos significantes e das práticas da feminilidade tradicional e do envolvimento com formas mais usuais e

[31] "Ao retratar as mulheres como trouxas do patriarcado e colaboradoras na sua opressão, as feministas tratavam com superioridade aquelas em nome das quais clamavam falar, ao mesmo tempo em que simplificavam demasiadamente e caricaturavam as múltiplas camadas de significados da moda e da beleza" (Felski, 2006: 275).

diretas de ativismo político, o pós-feminismo dos anos 1990 propõe uma agenda que reabilita, social e politicamente, ações e artefatos que a "anacrônica" "ortodoxia" feminista renegara – "Usar batom não é mais repulsivo, e noções de identidade se distanciaram de um eixo racional/moral e são muito mais profundamente informadas por idéias de performance, estilo e desejo" (Brunsdon, 1997: 85). De maneira descontraída, as pós-feministas enfatizam a importância das escolhas individuais de estilo de vida e dos prazeres e poderes proporcionados pelo engajamento, devidamente habilitado, com os ingredientes básicos da indústria da feminilidade.

> A trajetória dos trabalhos feministas sobre a beleza tem revelado uma nítida (ainda que longe de ser unânime) mudança da retórica da vitimização e da opressão para uma linguagem alternativa de empoderamento e resistência. Formas culturais cujos significados outrora pareciam inteiramente auto-evidentes – cosméticos e cirurgias plásticas, concursos de beleza e fotos de noivas – são agora submetidas à exegese detalhada e pesquisa etnográfica; o que antigamente era relacionado com a subjugação feminina está sendo reinterpretado como um lugar de real, mesmo que constrangido, agenciamento feminino. Tais tentativas de redefinição nos permitem ver que os fenômenos culturais podem ter significados amplamente variáveis, que a dimensão política da estética está longe de ser predeterminada ou dada antecipadamente (idem: 280-281).

Apreciações positivas do universo *fashion* rapidamente se converteram num modismo acadêmico: outrora repudiada como uma das mais palpáveis rendições femininas às fantasias masculinas ou ao capitalismo de consumo, a moda ressurge como um veículo legitimado de auto-expressão criativa e política. Ao usar a moda e brincar com ela, as mulheres seriam capazes não apenas de urdir novas estéticas, mas também de lançar as bases de uma nova ordem cultural. Na cultura burguesa do Ocidente moderno, as relações patriarcais encontram justificativa em concepções de identidades individuais "naturais", "unificadas", que servem para determinar papéis genéricos – "O homem é isto, a mulher é aquilo". Em vez de naturalizar o arbitrário, como se acusava anteriormente, o jogo da moda seria capaz de *desnaturalizar* identidades pretensamente naturais, tendo, assim, o potencial de chamar a atenção para alternativas radicais (Currie, 1999: 36).

Não haveria prova mais irrefutável deste argumento do que a carreira de Madonna, a patronesse do "vestuário com atitude", ligado ao exibicionismo e à sexualidade agressiva. Ao mudar de pele a cada disco, turnê ou videoclipe, a cantora, atriz e empresária norte-americana corporalizaria a noção de que as identidades são construtos culturais e não entidades substanciais, social ou biologicamente preestabelecidas e imutáveis. Seu trabalho multimídia impulsionou uma série de discussões teóricas acerca de questões ligadas a moralidade, relações de gênero, multiculturalismo, racismo, pornografia e consumismo – entre outros temas (cf. Fouz-Hernández, Santiago e Jarman-Ivens, 2004; Frank e Smith, 1993; Kellner, 2001; Lloyd, 1993; Miklitsch, 1998; Schwichtenberg, 1993). As candentes polêmicas em torno de uma figura tão atrelada ao *mainstream* musical se revelaram altamente oportunas para representantes dos estudos culturais interessados em realçar a "polissemia" e a "democracia semiótica" da cultura popular (ou daquilo que nós, latino-americanos, ainda tendemos a distinguir como *cultura popular de massa*): "Nós devemos ser capazes de entender", conclamou Fiske (1996: 142), "como o feixe de significados que chamamos de 'Madonna' permite a um leitor da *Playboy* ativar significados que a enquadram como o quintessencial objeto de prazer masculino e, ao mesmo tempo, a uma fã feminina enxergá-la como *sexy*, mas não pela necessidade de conquistar homens, agindo 'totalmente por interesse próprio'".

Para as tais entusiastas femininas (notadamente, as adolescentes), Madonna parece ter representado – sobretudo, na fase inicial de sua carreira – "um símbolo de luta", "uma fonte de 'empoderamento'", "um ícone cultural subversivo" que as estimulou a questionar os papéis que tradicionalmente teriam que desempenhar na sociedade, levando-as além da rebelião juvenil "convencional" contra os adultos e outras figuras de autoridade. Esta, pelo menos, é a interpretação do "texto Madonna" afetuosamente alinhavada no emblemático relato autobiográfico da teórica porto-riquenha Carmen R. Lugo-Lugo:

> De fato, quando Madonna estava cantando "Like a Virgin", eu estava atravessando a fronteira entre a minha infância inocente e a minha adolescência iminentemente difícil. Ela mexeu comigo: eu amava sua atitude "não se meta comigo, ou..."; eu queria me apropriar daquela atitude. Ela corporalizava tudo o que eu queria ser – uma mulher forte, assertiva, esperta e auto-suficiente.

> (...) Eu não estava sozinha, é claro, no empenho por me tornar uma mulher com grande força de vontade, do tipo Madonna. Quase todas as garotas na minha escola tinham este objetivo. (...) Muitas de nós cultivávamos aquela idéia romantizada e (então) algo distante de uma mulher no controle do seu ambiente, da sua vida e, mais importante, do seu destino. Como Madonna disse uma vez, numa entrevista: "Eu posso me vestir como uma vadia, tanto faz, mas eu estou no comando". Aquele era o tipo de declaração que conquistava os nossos corações.
>
> (...) Obviamente, havia outras mulheres fortes em Porto Rico, e algumas delas eram figuras públicas influentes como Madonna. A diferença entre aquelas mulheres e Madonna é que Madonna falava para a juventude, oferecendo, através da sua atitude e da sua música, uma maneira de resistir (Lugo-Lugo, 2001: 121 e 124).

Através de suas canções e, em especial, de seu estilo, sua performance e suas declarações públicas, Madonna teria semeado uma vocação feminista entre as suas jovens admiradoras porto-riquenhas:

> De um jeito ou de outro, o desejo de ser uma mulher liberada como Madonna me ajudou, de alguma maneira, a desenvolver uma consciência feminista, na medida em que eu comecei a me importar com desigualdade e sexismo. Também foi Madonna, ao liderar a sua própria revolução sexual, que me fez perceber que o sexo não era um pecado, a despeito do que a Igreja Católica e a minha família pensavam. Ainda que eu não me considerasse feminista até ingressar no segundo grau, eu partilhava do ideal de liberação das mulheres e da idéia de igualdade generalizada que eram inflamados pelo trabalho de Madonna. (...) O fato de eu amar aquela mulher menos por sua música do que por sua atitude e conduta me levou a pensar que existiam mais coisas na vida do que aquilo que estava sendo oferecido para mim como mulher (127).

Para ser como Madonna era preciso, antes de tudo, se parecer com ela, vestir-se como ela: "Nós acreditávamos que o vestuário era parte do seu 'estar no controle', então nós nos apropriávamos dos seus múltiplos estilos, na esperança de que eles nos ajudariam a estar no controle, também" (129). Lugo-Lugo admite, no final do seu artigo, que a busca pela "Madonnidade" açulava um desejo consumista na maioria das adolescentes, envolvidas em zelosas excursões periódicas ao *shopping center*, a fim de atualizar o guarda-roupa de acordo com as modas sempre volúveis chanceladas pela cantora. Embora certamente haja quem avalie o consumismo provocado pela "experiência Madonna" como um retrocesso, é injusto – pondera Lugo-Lugo – atribuir às fãs o rótulo de "fantoches" da estrela pop e da indústria da moda, já que muitas adolescentes eram capazes de reconhecer quando a musa inspiradora tinha ido longe demais com seus modismos – "Nós sabíamos quando parar" (idem). Além disso, não seria descabido considerar o próprio consumismo "uma parte necessária do processo de empoderamento que liberava as adolescentes de valores genéricos tradicionais" (ibidem). Sem sombra de dúvida, os ensinamentos transmitidos pela "garota materialista" foram muito bem assimilados...

Tal qual demonstra exemplarmente o "Caso Madonna", o pós-feminismo pode ser compreendido, mais do que como um posicionamento teórico, como uma "sensibilidade" (Gill 2007), evidenciada em um número crescente de artefatos midiáticos – geralmente protagonizados por heroínas que ambicionam distanciar-se tanto dos constrangimentos da feminilidade convencional quanto dos imperativos do feminismo tradicional. Entre as encarnações populares do pós-feminismo, sobressaem as proponentes (menos ou mais anódinas) do "poder feminino", ligadas ao universo da música pop, como a matriarca Madonna, as Spice Girls, Courtney Love, Gwen Stefani, Avril Lavigne e Pink; os seriados norte-americanos de televisão *Sex and the City* (fonte de inspiração para a co-produção nacional *Avassaladoras*, exibida em 2005 pela Record), *Ally McBeal*, *Desperate Housewives* (cuja versão brasileira estreou em 2007, na Rede TV), *Buffy, a Caça Vampiros* e *Xena, a Princesa Guerreira*; além da série de "romances femininos" escritos pela inglesa Sophie Kinsella (*Os delírios de consumo de Becky Bloom*; *Becky Bloom – Delírios de consumo na 5ª Avenida*; *As listas de casamento de Becky Bloom*; *A irmã de Becky Bloom*...), confeccionados na esteira do sucesso internacional obtido pela compatriota Helen Fielding, autora de *O diário de Bridget Jones* (1996) e *Bridget Jones no limite da razão* (1999). Tais produções culturais (e seu entorno crítico acadêmico e jornalístico) se destacam, na atualidade, como alguns dos principais espaços discursivos nos quais, através dos quais e contra os quais os significados do *feminismo* e da *feminilidade* são construídos, articulados, confrontados e compreendidos.

Meu objetivo, no restante deste capítulo, é examinar as reverberações da sensibilidade pós-feminista (calcada em noções como escolha, prazer, independência, reinvenção e auto-estima) nas páginas multicoloridas da revista *Capricho* – entre todas as nossas publicações femininas juvenis, a mais longeva[32] e comercialmente bem-sucedida[33]. Procuro demonstrar, de início, como o

[32] *Capricho* chegou às bancas, pela primeira vez, em 18 de junho de 1952. O lançamento da Editora Abril não tardou a fazer sucesso: o primeiro número vendeu 26 mil exemplares; o nono, mais de cem mil. Embora a maioria das leitoras tivesse menos de 18 anos e fosse solteira, a revista cativara também mulheres casadas de até trinta e poucos anos. O conteúdo da "Revista da Mulher Moderna" tinha, de fato, um perfil mais adulto, contendo receitas de cozinha e até matéria sobre menopausa; seu carro-chefe, porém, era a fotonovela. Em 1953, *Capricho* atingiu a média de vendagem de 240 mil exemplares mensais; no final da década, chegou a 500 mil, cifra jamais igualada por nenhuma publicação feminina brasileira. Mesmo conservando o nome de batismo, *Capricho* passou por inúmeras reformulações editorais, ao longo de sua história, com a finalidade de adaptar-se ao novo e sempre mutável mercado juvenil. Em 1982, as fotonovelas deram lugar a reportagens de moda, beleza e comportamento endereçadas às jovens entre 15 e 29 anos. Em 1985, *Capricho* investiu pesado na consolidação de uma nova identidade: com apoio de extensa campanha publicitária, apresentou-se como a "Revista da Gatinha", com matérias sobre música (new wave, pop, rock), primeira menstruação, drogas e relacionamentos direcionadas às adolescentes entre 15 e 22 anos. Nos termos hiperbólicos da atual editora, a redefinição da *Capricho* como "porta-voz da adolescente" representou uma verdadeira "revolução" na época: "Adolescentes não tinham corpo, não tinham voz. Os pais não se preocupavam muito com eles, os publicitários não criavam campanhas para eles, as grifes não desenhavam roupas para eles" (*Capricho*, Eles não ficavam, 20 mar. 2005, p. 93). A partir de 1999, a revista adotou uma linguagem menos "tatibitate" e passou a trazer ídolos da música e das telenovelas na capa e a abordar acontecimentos da quinzena anterior (Buitoni, 1981: 86, 1990: 48; Mira, 2001: 174-184; Miranda-Ribeiro e Moore, 2003: 10-11; Teixeira, 2002: 3-5).

[33] Segundo dados do Instituto de Verificação de Circulação (IVC) de setembro de 2005, *Capricho* lidera o segmento jovem feminino, com tiragem de 185.000 exemplares e circulação líquida de 121.000 exemplares (37.000 assinaturas e 84.000 vendas avulsas). Seu público-alvo é constituído por 15% de homens e 85% de mulheres, na faixa de 10 a 19 anos - 13% pertencentes à classe A, 46% à classe B e 29% à classe C. A maior parte dos leitores se concentra na região Sudeste (58%) e Sul (23%). Mensalmente, a revista recebe mais de 2.500 mensagens, por meio de carta, e-mail ou telefone (Jovens, bonitas e

retrato das "adolescentes da nova geração" (arrojadas, dinâmicas, autênticas e, ao mesmo tempo, dependentes da atenção e da aprovação masculina) é construído na intersecção de "novos" e tradicionais discursos da feminilidade. Em seguida, abordo a relação entre as versões específicas de personalidade, individualidade e agenciamento ostensivamente propagadas pela revista e a fabricação e manutenção das formas de subjetividade social e autogoverno fundamentais para o exercício do poder político contemporâneo (no qual legislações ou intervenções coercitivas na conduta pessoal cedem espaço para mecanismos de regulação através das tramas da liberdade). Para efetuar esta reflexão, apóio-me em perspectivas analíticas que focalizam criticamente o caráter ético e técnico do *neoliberalismo*, enfatizando a importância política da mobilização e da modelagem da conduta e das capacidades individuais.

A *indústria da identidade*[34] na modernidade reflexiva

De acordo com a perspectiva sociológica predominante, na medida em que não estamos mais fixamente localizados na sociedade por meio de suportes e enquadramentos tradicionais, somos levados a refletir – de forma contínua – sobre os papéis e as possibilidades sociais disponíveis, dentro de um processo de configuração de um *eu* valorizado, autêntico e coerente (ainda que aberto a sucessivas revisões). Questões fundamentais da existência no mundo moderno – *Quem eu sou? O que eu poderia ser? Quem eu quero ser?* – se tornam ainda mais prementes para a auto-identidade na modernidade tardia. Esta condição ofereceria, por um lado, oportunidades

---

ricas, *Em Revista*, nº 4, set. 2003, p. 46-49; XLVII Estudos Marplan - 1º semestre 2005 - 9 mercados/ http://publicidade.abril.com.br). Assinantes da Claro, da TIM ou da Vivo podem acessar parte do conteúdo da *Capricho* pelo celular. Às sextas-feiras, das 19h às 20h, vai ao ar, na Rádio Metropolitana FM de São Paulo, o programa NoCapricho, com a participação, entre outros profissionais, das editoras de moda e de música da revista (a atração era veiculada, anteriormente, pela MTV, que também integra o grupo Abril).

[34] Como ficará patente ao longo desta seção, a palavra *indústria* deve ser compreendida, aqui, tanto em seu sentido figurado ("invenção, astúcia, engenho") quanto em sua acepção econômica ("atividade de produção de mercadorias, especialmente de forma mecanizada e em grande escala"; "o conjunto das empresas industriais"), ambos os sentidos registrados pelo *Aurélio*.

ampliadas para a autonomia individual; por outro, intensificaria a sensação de ansiedade e risco vinculada à consciência mais aguda da precariedade das premissas e das instituições sociais da primeira modernidade (Beck, 1992, 2001; Beck *et al.*, 1997; Giddens, 1991, 2002, 2003).

Impelidos a escolher, construir, sustentar, negociar e exibir quem devemos ser ou parecer, lançamos mão, de maneira estratégica, de uma variedade fenomenal de recursos materiais e simbólicos – selecionados, interpretados e disponibilizados pela publicidade, pelo marketing, pela indústria da beleza e da moda e pelos sistemas de comunicação globalizados. A escolha de um estilo de vida (intensamente focalizada pelo discurso acadêmico e mercadológico, desde os anos 1980) deve ser compreendida, neste contexto, como parte da busca dos indivíduos por "segurança ontológica", já que permite associar o número crescente (e potencialmente desorientador) de opções de bens, serviços e lazer a um padrão mais ou menos ordenado, significativo e socialmente inteligível (Chaney, 1996; Freire Filho, 2003; Giddens, 2002; Miles, 2000, 2002; Reimer, 1995).

Os estilos de vida constituiriam, em resumo, uma forma por intermédio da qual o pluralismo da identidade na contemporaneidade é administrado pelos indivíduos e organizado (e explorado) pelo comércio. A propensão, contudo, de certos estudiosos no sentido de realçar o leque de opções da cultura do consumo (seu papel na dissolução da opressiva hierarquia de status da ordem social anterior; sua abertura para a individualidade, experimentação e auto-expressão) costuma obscurecer as inúmeras maneiras por meio das quais todo o aparato da cultura da mídia e do consumo capitaliza, duplamente, em cima das constitutivas e disseminadas inseguranças da alta modernidade – propagando que seus artefatos, suas mercadorias e suas experiências são a panacéia para a ansiedade existencial e a crise de identidade contemporânea, ao mesmo tempo que fomenta a incerteza, através do sistema da moda e da obsolescência social planejada, do que pode ser hoje a "escolha correta", em contraste à da semana passada ou à da próxima (Slater, 2002: 88-89).

Vivendo num ambiente de tão proclamadas oportunidades e riscos – em que atos de compra ou consumo expressariam gosto, valores, visão de mundo, inserção social –, as pessoas (com dinheiro no bolso) recorrem, cada vez mais, às opiniões dos consultores de moda, aos testemunhos das celebridades, aos conselhos dos especialistas em marketing pessoal e às colunas de estilo veiculadas em miríades de revistas femininas, masculinas, de negócios, de moda, de saúde e mais genéricas. Com sua retórica amena, amigável, solidária, mensageiros do mercado e peritos midiáticos assumem, em certa medida, o papel das tradições culturais, no sentido de oferecer pontos de referência para a identidade pessoal e social — tentando sinalizar a cada um quem ele é ou pode (e deve) vir a ser na vida.

Não por acaso, as orientações dos *experts* em aparência e no cuidado da alma são endereçadas preferencialmente às mulheres, cuja identidade tem sido tipicamente construída e analisada em termos de falta, desapontamento e insatisfação com elas mesmas. Todas essas carências ganhariam vulto no momento de ida às compras – gesto interpretado, por toda uma tradição de crítica cultural, psicológica e sociológica, como uma prática *natural* feminina e, ao mesmo tempo, uma fonte de ansiedade e riscos para as mulheres.[35]

No caso das adolescentes, o assessoramento social costuma ser apresentado como ainda mais imprescindível. Afinal, presume-se que, neste período formativo fundamental da identidade e da subjetividade, época de experimentação e auto-afirmação, certos traços congeniais da condição feminina (insegurança, suscetibilidade, volubilidade) tendam a estar exacerbados.[36] A conquista de maior autonomia decisória, relativa no campo da compra e do uso de bens e serviços, incrementada nas duas últimas décadas, converte este segmento da população num terreno ainda mais fértil para os discursos e a ação dos agentes do mercado, cujos cálculos estratégicos se baseiam crescentemente em conhecimentos psicológicos a res-

[35] A maior parte dos artigos publicados em periódicos da área de ciências sociais a respeito do tema "gênero e consumo" gravita em torno de questões de "comportamento desviante", com destaque para o consumo de drogas, cigarros, comida e álcool (Lury, 1996: 121).

[36] Diversas pesquisas realizadas na década de 1990 ratificam que as garotas reagem mais negativamente às mudanças estressantes "típicas" dos primeiros anos da adolescência. Alega-se que elas são mais desesperançadas do que os garotos na hora de fazer uma auto-avaliação, costumam dar mais ênfase à imagem corporal, desenvolvendo, com muita freqüência, distúrbios alimentares e experimentando dificuldades emocionais. Segundo alguns destes estudos, as adolescentes brancas de classe média são propensas a sofrer de anorexia e bulimia; as garotas negras, de problemas de obesidade; já as latinas de baixa renda apresentam déficit de auto-estima e elevados índices de depressão (Kaplan e Cole, 2003: 141-142).

peito das paixões, das perplexidades, dos medos e dos sonhos que informam a vida subjetiva cotidiana de nichos específicos de consumidores (Gill, 2007: 75-76; Miller e Rose, 1997; Rose, 2005: 85-89).[37]

Tudo o que Teena precisa saber (e ter)

Misto atraente de manual de etiqueta, literatura de auto-ajuda e catálogo de compras, as revistas femininas juvenis se apresentam como *mapas cognitivos* e *anteparos emocionais* que possibilitam às leitoras navegar, sem maiores sobressaltos, pelo mar das oportunidades e dos riscos associados à experiência da adolescência feminina e às demandas cambiantes da cultura do consumo (fecundada pela busca contínua do capital por novos e expansíveis mercados).

[37] Estima-se que os jovens brasileiros têm renda própria de 30 bilhões de reais por ano e o poder de influenciar as compras dos pais em 94 bilhões de reais (oito em cada dez aparelhos de som, por exemplo, só são adquiridos com o aval da ala jovem da família). A maior parte do que se produz no mercado publicitário — que movimenta, anualmente, 13 bilhões de reais — tem como alvo a parcela de 28 milhões de brasileiros com idades entre 15 e 22 anos. Os menores de 25 anos já respondem por um quarto das vendas de celulares no país — eles trocam de aparelho, em média, uma vez por ano; os consumidores mais velhos, a cada dois anos. Dos cerca de um milhão de clientes do Blah! (empresa da operadora TIM que atua como provedora de serviço por celular), de 75% a 80% são jovens entre 14 e 25 anos. A fim de atrair este lucrativo segmento de mercado, empresas investem milhões de dólares por ano em megafestas que misturam música, moda, cinema, artes plásticas, esportes radicais, tecnologia e celebridades. As mais festeiras são as empresas de bebidas (como a Skol e a Coca-Cola) e os fabricantes e as operadoras de celulares (como a finlandesa Nokia, a americana Motorola, a italiana Tim e a Vivo, de capital português e espanhol). As montadoras de automóveis também buscam estratégias criativas para garantir a fidelidade do público jovem. A Volks tem entre 25% a 30% de seus clientes na faixa etária de 18 a 27 anos; com intuito de aproximar-se desta clientela, patrocina campeonatos de surfe e corridas de carros. No estande do Salão do Automóvel de 2003, a Ford chamava a atenção dos consumidores jovens com um DJ, uma pista de skate e profissionais que realizavam malabarismos em bicicletas. Direto do estande da Fiat, a *Rádio Jovem Pan* transmitia, ao vivo, todas as tardes, o programa Pânico, sucesso entre os adolescentes ("Público Jovem é atualmente o mais disputado pelas montadoras", *O Estado de S. Paulo*, 08 jun. 2003; "Não quero ser jovem", *Consumidor Moderno*, nº 82, junho de 2004, p. 54-55; "Eles gastam muito", *Veja*, Edição Especial Jovens, agosto de 2003, p. 80-83; "O milionário mundo das baladas", *Exame*, 21/10/2004, p. 13-15; "Quem paga a conta?" *Jornal do Brasil*, Glam Teen Rio, p. 3-4).

À primeira vista um passatempo inócuo, tais publicações não servem apenas para instruir as leitoras sobre como se comportar, contribuindo também (na confluência com outras práticas discursivas e não-discursivas) para adestrá-las em quem se tornar – mulheres preparadas para acomodarem-se, de forma genericamente propícia, aos arranjos econômicos, sociais e familiares do mundo contemporâneo.

A pioneira *Seventeen* foi lançada em 1944, nos Estados Unidos, com o olhar direcionado principalmente para as estudantes de segundo grau. A fim de fornecer um exemplo visual concreto daquele segmento de mercado ainda amorfo e desconhecido, a diretora de promoção, Estelle Ellis, criou "Teena, a Adolescente Prototípica", moldada a partir de amplos levantamentos demográficos e sondagens a respeito das preferências e preocupações das garotas norte-americanas. Dois livros contendo os resultados das pesquisas foram distribuídos para publicitários, anunciantes e empresários. A campanha promocional enfatizava quatro características que tornavam Teena uma boa compra/compradora: "Teena Tem Dinheiro" (oriundo de mesadas ou biscates realizados fora do horário escolar); "Teena É Jovem" (logo, impulsiva, infatigável, insaciável); "Teena É Influenciável" ("Teena é uma Macaca de Imitação") e "Teena Precisa de um Garoto" (e, para agradá-lo, é capaz de envolver-se num "frenesi de compras"...). Delineava-se, portanto, um processo de consumo circular: "Teena recorria às orientações da *Seventeen*, o publicitário a influenciava a comprar, ela influenciava outras garotas a comprar – e, então, um rapaz a fazia sentir-se insegura, inadequada, o que a levava correndo de volta aos conselhos da *Seventeen*" (Massoni, 2004: 40).

Com o apoio de pesquisas de mercado e estratégias de marketing cada vez mais requintadas, as revistas femininas juvenis se firmaram como um segmento vigoroso do mercado editorial, reabastecido, nos anos 1990, pelo lançamento de versões adolescentes de tradicionais publicações adultas, como *CosmoGirl*, *ElleGirl*, *Teen Vogue* e *Teen People* (http://kaiserfamilyfoundation.org/Tweens-Teens-and-Magazines-act-eet.pdf).

Quem percorre o acervo das bancas de jornal e das megalivrarias brasileiras constata a vitalidade deste filão também em nosso país: *Atrevida*, *Capricho*, *Loveteen*, *Malhação*, *Smk!*, *Todateen*, além de uma extensa e curiosa série de edições especiais: *Atrevida Testes*; *Capricho Guia da Conquista*, *Capricho Guia Fashion*, *Capricho Especial Gisele* (biografia ilustrada da *top model* Gisele Bündchen), *Capricho Especial Malhação* (comemorativa dos dez anos do seriado juvenil da TV Globo), *Smack! Especial Avril Lavigne*, *Todateen 1ª Vez*, *Todateen Guia dos Signos*, e por aí vai.

Não obstante constituírem uma forma proeminente de mídia, as revistas femininas juvenis receberam, até hoje, atenção acadêmica relativamente escassa – tanto no Brasil quanto no exterior.[38] O fato de elas perdurarem como um dinâmico nicho de mercado e de simplesmente inexistirem publicações similares endereçadas a rapazes já sacramentaria sua posição como objeto de estudo importante e singular.[39]

Embora não sejam, decerto, as únicas responsáveis pelos conceitos de *masculinidade* e *feminilidade* acolhidos pelas adolescentes, *Atrevida*, *Capricho* e congêneres oferecem descrições textuais e visuais daquilo que é

---

[38] Estudos a respeito das revistas femininas juvenis começaram a ser divulgados, com mais regularidade, a partir da virada do milênio. Baseadas geralmente em análises semiológicas, de conteúdo e/ou de discurso, as investigações tendem a priorizar dois eixos temáticos: a abordagem da saúde e do desejo sexual feminino e a configuração de identidades de gênero (Carpenter, 1998; Couto, 2002; Duke e Kreschel, 1998; Durham, 1998; Evans *et al.*, 1991; Freitas, 2000; Garcia, 2000; Garner, 1998; Gutierrez, 2005; Jackson, 2005a, 2005b; Lessa, 2005; Oliveira, 2002; Pinheiro, 1998; McRobbie, 1991, 1998; Miranda-Ribeiro e Moore, 2002, 2004; Peirce, 1990, 1993; Santos, 2006; Serra e Santos, 2003; Serra, 2001; Ribeiro, 2006; Sodré, 2003; Tait, 2003). Os trabalhos de Currie (1999, 2001), Duke (2000), Frazer (1987), Gonick (1997) e Kaplan e Cole (2003) diferem dos demais por contemplar as perspectivas das próprias leitoras, através de variados métodos de pesquisa qualitativa. No que tange à produção brasileira, chama a atenção o fato de que a maioria das pesquisas tenha sido desenvolvida nos Departamentos de Letras e Psicologia.

[39] A propósito, Antonio Prata, escritor e colunista da *Capricho*, lastimou recentemente a ausência de uma versão masculina da revista: "Nós, 'meninos', somos obrigados a atravessar esse mangue lamacento — também conhecido como adolescência — absolutamente no escuro, sem mais ajuda que os papos com um ou outro amigo, infelizmente também atolado em inseguranças e fraquezas". Na estimativa de Prata, a razão para a inexistência de uma *Capricho* masculina era justamente a incapacidade de os garotos assumirem suas dificuldades: "Afinal, grande parte das matérias que você tem agora em mãos é destinada a ajudá-la em sua aflições: será que ele gosta de mim? Meu cabelo é legal? Como terminar um namoro? Sou uma mala sem alça e não sei?". Como seria, então, a pauta de uma "revista do gatinho" realmente

conveniente em matéria de aparência, caráter, gosto, personalidade, saúde, relacionamento afetivo e comportamento sexual, além de roteiros (mercadológica e cientificamente abalizados) das práticas e dos cuidados concretos necessários para alcançar e dominar os parâmetros de sensibilidade, sociabilidade e visibilidade almejados.

Tais instruções pormenorizadas a respeito de modos de autodesvelo e operações sobre a própria alma e o corpo, pensamentos e condutas, constituem um exemplo eloqüente daquilo que Foucault ([1982] 1988; [1983] 2004; [1984] 2004) denominou "tecnologias do eu" ou "técnicas de si" – procedimentos propostos ou prescritos aos indivíduos para (com o auxílio de outrem ou por conta própria) fixar sua identidade, mantê-la ou transformá-la, através de relações de autoconhecimento e autodomínio, alvejando um determinado conjunto de fins, como felicidade, pureza, sabedoria, perfeição, imortalidade... Ou, trazendo a questão para o âmbito das revistas femininas juvenis, bem-estar físico e psíquico, desejabilidade, popularidade, celebridade...

Nas suas próprias palavras, *Capricho* promete propiciar às adolescentes "RECURSOS" (caixa alta, no original) para:

. entender o mundo e lidar com os conflitos da idade
. se sentir por dentro da turma
. fortalecer sua auto-estima
. respeitar as diferenças
. entender os garotos e se posicionar diante deles
. dizer não às drogas e à gravidez precoce (Encarte de propaganda veiculado em junho de 2005)

A publicação não se limita, todavia, a ofertar RECURSOS meramente simbólicos necessários para a sociabilidade e a construção e reconstrução

honesta? "'Sim, você brochou, e agora? Dez maneiras de driblar o desespero, recuperar a auto-estima e virar o jogo', 'A turma da sua namorada é de intelectuais e você não lê nem bula: aprenda a ser aceito sem ter que ler Dostoiévski', 'Eu sou ruim de bola: 15 homens de sucesso contam como ser perna-de-pau e vencer na vida', 'A festa do seu melhor amigo é no dia do aniversário da sogra: dicas ninja (sic) para não perder a balada nem brigar com a namorada'" (Capricho para meninos, 22 jul. 2007, p. 98).

das identidades – *Capricho*, além de ser o nome da mais antiga revista *teen* do Brasil, é também a grife de uma linha de material escolar, livros, perfumes, hidratantes, pulseiras, camisetas, bolsas, sandálias, meias, sutiãs e calcinhas ("com o exclusivo elástico personalizado *Capricho*", ressalta o anúncio nas páginas nobres do periódico), produtos que podem ser adquiridos em estabelecimentos comerciais ou na Mega Loja Jovem do site da própria revista (http://capricho.abril.com.br/). Seguindo o exemplo da concorrente mais direta, *Atrevida* também lançou, no mercado, agendas, cadernos e roupas com sua assinatura ("Você não pode deixar de ter!"). Exacerba-se, aqui, com rara nitidez, a íntima relação entre mídia e consumo, resumida por Silverstone (1999: 150): "Consumimos a mídia. Consumimos pela mídia. Aprendemos como e o que consumir pela mídia. Somos persuadidos a consumir pela mídia. A mídia, não é exagero dizer, nos consome".

Num nível teórico mais fundamental, Jansson (2002) argumenta, com propriedade, que os processos de *culturalização*, mediatização e simulação promoveram uma fusão entre "cultura da mídia" e "cultura do consumo", tornando impossível efetuar uma distinção substancial entre os dois conceitos. Na era da acumulação reflexiva (em que a economia se torna *culturalizada* e a vida cultural, cada vez mais, comercializada), a maioria dos produtos midiáticos é, também, mercadoria; a maior parte das mercadorias, por sua vez, funciona, de alguma maneira, como mediadora de significados.[40]

---

[40] "O importante é deixar claro que cultura da mídia e cultura de consumo são categorias teoricamente entrecruzadas e empiricamente inseparáveis. De um lado, o escopo da cultura da mídia está expandindo-se e, simultaneamente, mudando a face da cultura de consumo. Os textos midiáticos exercem grande influência no modo pelo qual as pessoas experienciam a relação entre o *self* e o mundo circundante, incluindo o mundo dos bens. A nomeação cultural dos bens de consumo é normalmente impossível de discutir e analisar sem levar em conta como este processo está relacionado com a circulação e apropriação de imagens midiáticas. (...) Por outro lado, o constante refinamento e a implementação da lógica capitalista envolvem um processo de mercadorização dentro do setor midiático. Esta tendência pode ser observada nos estudos a respeito de como o serviço público de mídia realmente funciona e como a crescente competição pela 'mercadoria audiência', na forma dos índices de Ibope, afetou suas práticas, suas formas de comunicar. Ela pode ser discernida, também, nas novas formas de interatividade mercantilizada, por meio das quais o público é encorajado a tomar parte no (e pagar pelo) próprio processo de mediação. (...) À medida que processos culturais e econômicos se misturam, a distinção entre consumo e mediação também desaparece" (idem: 11-12).

A exemplo de outros artefatos midiáticos hodiernos, as revistas femininas juvenis devem ser abordadas, portanto, simultaneamente como *produtos culturais* e *mercadorias*. Como *produtos culturais*, circulam numa economia cultural de significados coletivos, fornecendo receitas, padrões, narrativas, representações, critérios e referenciais significativos, com auxílio dos quais as leitoras podem conduzir sua vida diária e processar suas experiências emocionais e cognitivas de crescimento numa sociedade estruturada por gênero. Como *mercadorias*, constituem bens comerciáveis de empresas jornalísticas cujo lucro é gerado menos pelo seu preço de capa do que pelo aporte financeiro trazido pelos anunciantes (amiúde, do setor de moda e cosméticos). A compra do espaço publicitário de tais publicações é definida, por sua vez, pela alegada competência de seus profissionais de jornalismo, design, propaganda e marketing – os "novos intermediários culturais" (Bourdieu, [1979] 1997; Featherstone, 1995; Gough-Yates, 2003) – em articular produção com consumo, imbuindo as revistas de valores e significados com forte apelo para um nicho específico e rendoso do mercado juvenil.

No site de vendas de espaço publicitário da editora Abril (http://publicidade.abril.com.br), a revista *Capricho* é anunciada, a propósito, como "uma linha direta com a garota que está definindo sua personalidade e também construindo seu perfil de comportamento e consumo"; um espaço no qual está disponibilizado "tudo" de que a adolescente necessita saber para efetuar suas próprias escolhas – "inclusive produtos e serviços que possam ajudá-la nessa fase da sua vida".

A questão do consumo é prudentemente escamoteada, entretanto, na proposta de renovação de assinatura – a carta assinada por Tato Coutinho, redator-chefe da *Capricho*, prefere realçar, para mães e adolescentes, as vantagens da leitura familiar da revista:

> A Capricho é assim. Faz você, leitora, mergulhar cada vez mais fundo nos assuntos que só dizem respeito a você – a sua intimidade, as coisas que te envergonham e as que te movem, o estranho e fascinante (parece até a chamada de documentário do reino animal...) mundo dos meninos. E abre uma porta para a senhora, mãe dela, entrar, sem invadir, no universo adolescente (Encarte de propaganda veiculado em abril de 2005).

O conteúdo da mensagem é semelhante ao do anúncio publicitário destinado, prioritariamente, a arregimentar as mães que ainda não são assinantes da revista:

> Com uma linguagem atraente e histórias de garotas da idade de sua filha, CAPRICHO leva à sua casa, a cada quinze dias, informação e diversão feitas na medida para uma adolescente. São quinze jornalistas ouvindo adolescentes para escolher os temas das capas, entrevistando médicos e psicólogos para orientar as leitoras, descobrindo as melhores dicas para uma garota se sentir autoconfiante (Encarte de propaganda veiculado em junho de 2005).

Baseado nas premissas expostas acima, na hora de fixar a moldura teórica e metodológica de minha investigação sobre as revistas femininas juvenis, procurei apoiar-me em modelos analíticos que contemplassem a dualidade (duplicidade?) intrínseca do objeto. Inspirado no conceito de "circuitos da cultura" desenvolvido por Paul du Gay e seus colaboradores (Gay *et al*., 1997), esquadrinhei, inicialmente, de que maneira a direção e o *staff* editorial da *Capricho* procuram estabelecer significados culturais, identificações e identidades mediante o uso de determinadas práticas e estratégias de representação. Meu objetivo era, mais precisamente, avaliar como editoriais, cartas ao assinante, anúncios e variadas táticas promocionais contribuem para a codificação de significados e imagens particulares atreladas à revista, diferenciando-a das concorrentes e articulando-a com temas-chave da cultura da modernidade tardia. A finalidade deste conjunto (às vezes, contraditório) de representações é vender imagens da publicação que sejam atraentes para leitoras, mães e anunciantes. Tais estratégias de posicionamento no mercado são acompanhadas, necessariamente, por tentativas de sedimentar identificações entre a revista e um grupo particular de consumidoras. Ao longo destes processos inter-relacionados, *Capricho* constrói e redefine identidades comercialmente viáveis não somente para si mesma, como para o seu público-alvo (ainda que afirme se limitar a captar e monitorar – através de sofisticados métodos de pesquisa qualitativa de mercado e diversas formas de interatividade com as leitoras – transformações concretas, *reais* nos valores e nas práticas sociais e culturais das adolescentes do novo milênio).[41]

---

[41] Como salienta Cook (2000), a produção de mercadoria, desde pelo menos o período industrial moderno, não se completa com a fabricação e venda dos bens — implica sempre a existência e, de fato, a criação de *pessoas* ou *personas simbólicas*, com status sociais, identidades e imagens. Na definição do autor, *personas simbólicas* são um somatório de características — conhecidas ou conjecturais, reais ou imaginadas — construídas e comerciadas entre as partes

Autenticidade à vista

A despeito de sua aparente obviedade e solidez epistemológica, *adolescência* e *juventude* são conceitos complexos e instáveis, definidos e representados dentro de diferentes formações discursivas que circulam, colidem e articulam-se num determinado tempo e espaço. As artes, as indústrias da moda e da beleza, os conglomerados midiáticos globalizados, as ciências humanas e sociais produzem *conhecimentos*, *verdades* sobre o que constitui a "essência", os "prazeres" e os "dilemas" dos adolescentes e dos jovens, como devemos interpretá-los e interpelá-los no interior de configurações historicamente determinadas de saber, poder e subjetivação (Freire Filho, 2006).

Desde os anos 1990, os discursos e as representações produzidos pela e para a grande mídia ressaltam, em regra, como apanágios da nova geração, a preocupação com a aparência (em que a beleza é encarada não como questão de sorte, mas de empenho e conquista, e a vaidade, em vez de coisa fútil, insignificante, é tratada como algo importante a ser preservado, um sinalizador de modernidade), o consumismo e o individualismo (alimentado em casa, preservado nas relações pessoais, manifesto na moda cada vez mais customizada).[42]

Folheando a *Capricho*, sentimo-nos persuadidos a concordar com a exatidão deste "retrato do universo juvenil" (que homogeneíza gostos, experiências, problemas e expectativas de um grupo diverso e desigual de pessoas da mesma faixa etária). A julgar pelas matérias exibidas em suas páginas multicoloridas,

---

interessadas no benefício de sua indústria. Em outras palavras: "dar ao comprador aquilo que ele quer" pressupõe que o negociante, em algum lugar e de alguma maneira, oferece um modelo deste comprador. O consumidor se torna, aqui, um amálgama de quantidades e intensidades específicas de prioridades, preocupações, habilidades, desejos, necessidades e motivações. Uma *persona comercial* consiste, em suma, tanto das declarações quanto das imagens que juntas dão forma a estas características imputadas.

[42] Verificar, por exemplo, os dados e as conclusões análogas apresentadas em *Veja Edição Especial Jovens* (ago. 2003) — baseada na leitura de "duas dúzias de livros, pesquisa de opinião pública, perfis de comportamento da juventude e estudos acadêmicos", entrevistas com mais de 35 especialistas (médicos, psicólogos, educadores, nutricionistas) e "conversas" com mais de uma centena de adolescentes em todo o Brasil — e no terceiro *Dossiê Universo Jovem* da MTV Brasil (abr. 2005) — fruto de amplas pesquisas qualitativas (19 grupos focais e 50 entrevistas em profundidade) e quantitativas (2.359 entrevistas).

nada causa mais inquietação às adolescentes do que o corpo, a moda e a beleza. Chama a atenção, porém, a ênfase especial que a revista concede à questão da *autenticidade* – a preocupação em ser autêntica desponta, segundo a publicação, como a mais fundamental e absorvente idéia fixa das garotas de hoje – "Você preza a autenticidade acima de tudo", pontifica o redator-chefe, Tato Coutinho, numa edição da coluna Diário cujo título parafraseia Godard: "Duas ou três coisas que eu sei sobre você" (03 abri. 2005, p. 6).

Nos últimos anos, as celebridades que vêm ocupando lugar de destaque na revista confirmam a elevada cotação da autenticidade na bolsa de valores *teen*: na capa da edição de 23 de março de 2003, Wanessa Camargo – cantora de baladas pop ultra-românticas – aparece em pose intimidadora (expressão facial e gestual típica dos *rappers*, mão direita apalpando desabridamente a virilha), ladeada pela declaração impactante: "Vão ter que me aceitar como eu sou"; no corpo da matéria, a artista acrescenta: "Eu vou agir de outra maneira, vou impor meus valores, não tentar ser o que a outra pessoa quer que eu seja" (p. 22), referindo-se a seus próximos namoros. Já a "superautêntica" roqueira Pitty – estrela da capa de 31 de outubro de 2004 – revelou às fãs as dificuldades para lidar com o sucesso e a superexposição. De "personalidade forte", "autêntica", a autora do hit *Máscara* ("O importante é ser você, mesmo que seja bizarro") parara de dar entrevistas e planejava sair de cena por um tempo, refugiando-se em Salvador.

Os elogios à autenticidade emanam, também, dos textos elaborados pelos próprios profissionais da *Capricho* – "Dane-se o que os homens preferem", sentenciou Liliane Prata, na seção Quase nada (28 dez. 2003, p. 79). A colunista, após recapitular os infortúnios de uma amiga de opiniões oscilantes, conclamou suas leitoras a – adivinhem? – serem elas mesmas:

> Minha amiga Carol é assim. Ela leva em conta o que agrada a todos os homens, reforma atitudes e pronto: ela se transforma na nova Carol – edição revista e ampliada. (...) Agindo assim, a Carol perdeu a personalidade dela, isso pode acontecer com você, caso mude só para tentar seguir o que os garotos supostamente preferem. (...) Claro, você pode mudar o seu jeito de se vestir ou se maquiar quando quiser. Mas uma coisa é fazer isso e outra é amar chocolate preto, mas mudar para o branco só porque ouviu alguém dizer que os homens acham que comer chocolate branco é mais charmoso.

Manter-se fiel à própria personalidade é, além de tudo, o caminho mais fácil para fisgar o interesse dos homens – como se sabe, o sonho de consumo de todas as adolescentes... "No final das contas, os homens preferem as roxas – as meninas com um jeito próprio, seguras, que não mudam o jeito de falar, nem passam a usar azul porque essa cor enlouquece os garotos" (idem). Conforme observou Greer (2000: 407) – a propósito da revolução encenada pelas Spice Girls, nos anos 1990 – a retórica da independência feminina oculta, não raro, a absoluta dependência da atenção masculina, representada como difícil de obter e quase impossível de manter. A exemplo dos camaleões, os mitos sobre a feminilidade – lastima Macdonald (1995: 1) — têm a capacidade de mudar de cor, a fim de sobreviver...

Desde março de 2005, a aspiração das leitoras pela autenticidade se tornou, no entender da redação da *Capricho*, digna de apoio mais direto e efusivo. Como parte da comemoração dos 20 anos da revista (em sua nova fase, voltada para o público jovem), a publicação passou a ostentar, na capa, o slogan "Seja diferente. Seja você", em substituição ao já aposentado "A Revista da Gatinha".

A celebridade cuidadosamente escolhida para figurar na seção Gente foi, naquela data solene, a atriz Gisele Frade, de 18 anos. Notabilizada como a Drica do seriado *Malhação*, Frade transpira autenticidade: aos 11 anos, já sustentava a casa; dona de "um estilo todo próprio", trocara, no ano anterior, os cabelos compridos e lisos por *dreadlocks*... roxos; era capaz de perder amiga, namorado, emprego, mas recusava-se a ser outra pessoa que não ela mesma; avessa à badalação, costuma vestir a primeira roupa que aparece no armário e não usa maquiagem (exceto, claro, no instante de posar para a *Capricho*, na qual aparece tão produzida a ponto de ficar quase irreconhecível...).

No mesmo número da revista, o responsável pela seção Vitrola, Dinho Ouro Preto (vocalista da banda de rock Capital Inicial), repisou o mantra: "Resista. Seja você. Não estou dizendo que é fácil. Mas, no fim, você terá o privilégio de poder dizer que no mundo inteiro só tem uma pessoa como você. Você mesma" (Be yourself – Por que o mundo quer que sejamos iguais?, p. 109).

Capricho não advoga, porém, uma noção estática de *autenticidade*, vinculada a uma apresentação inalterável de si mesma. Em outras palavras, *ser você mesma* não significa *ser a mesma*. Pelo contrário: mudanças são extremamente bem-vindas, desde que genuínas, congruentes com "os verdadeiros valores e crenças" da adolescente. O desafio, portanto, é resistir aos apelos uniformizadores, é não deixar-se arrebanhar pelo conformismo de massa, pelo consenso cinzento. A pessoa autêntica é aquela que age (e muda) com autonomia – isto é, regida pelas próprias leis, por si mesma, e não por forças sentidas como alheias ao *self*. Experimentações com possíveis versões de si mesma são aceitáveis, com a condição de que sejam sentidas como voluntárias. Tal concepção é consistente com um dos significados originais do vocábulo *autêntico* (do grego *authenteo*), "ter total poder sobre" (Trilling, 1972) – quer dizer, uma conduta autêntica é prerrogativa daquelas que são "senhoras do seu próprio domínio", que têm autoridade sobre si mesmas.

Em termos menos filosóficos, "ser autêntico" significa, de acordo com o discurso da *Capricho*, "ter um estilo de vida próprio". O estilo de vida, neste caso, refletiria a sensibilidade (ou a "atitude") revelada na escolha de certas mercadorias e padrões de consumo e na articulação desses recursos culturais como modo de expressão pessoal – "Porque o espírito não é seguir a moda ao pé da letra e, sim, traduzi-la de acordo com os desejos de cada um", esclareceu uma edição especial da revista dedicada à São Paulo Fashion Week. "O novo luxo está em mandar seu recado usando aquilo que combina com seus sentimentos. Aproveite e use seu corpo como outdoor. Mostre ao mundo quem você é" ("Seja você mesma", 13 jul. 2003, p. 84). Ser autêntica, em suma, é fazer escolhas e assumir posturas que denotem uma aparente coerência entre aquilo que se sente e pensa num dado momento e aquilo que é comunicado publicamente a respeito dos próprios gostos, princípios ou personalidade – usando como meio de expressão o corpo (janela para a vida interior).

Seis páginas depois da supracitada ode à autenticidade, a tradicional seção Certo/errado da *Capricho* julgava – com escassas e taxativas palavras – o estilo de 11 adolescentes (cujas cabeças foram suprimidas, com toda prudência, das fotos); como de hábito, foi veiculada "A opinião dele" (no caso, um estudante paulista de 17 anos) sobre o estilo delas (duas garotas de minissaias): "A saia combinou com a blusa e ela ficou com estilo"; "Acho que ela tá meio cafona. Ficou muito colorida!". Logo em seguida, um editorial de moda ensinava como fazer o "estilo roqueiro", com base em grifes badaladas, além das caras e bocas de praxe...

Consoante o relato sociológico mais propalado, o estilo de vida difere tanto das ordens de status tradicionais que veio a substituir quanto das clivagens estruturais modernas (como classe, gênero e etnia) em pelo menos dois aspectos essenciais: em primeiro lugar, tende a indicar um modelo puramente "cultural" – é constituído por imagens, representações e signos disponíveis no ambiente midiático e, em seguida, amalgamados em performances associadas a grupos específicos; em segundo lugar, qualquer pessoa pode, em tese, trocar de estilo de vida, ao mudar de uma vitrine, um canal de televisão, uma prateleira de supermercado para outra (Polhemus, 1998; Slater, 2002: 88-90).

Construídos de maneira reflexiva e lúdica, os estilos de vida deveriam ser definidos, pois, como improvisações performáticas nas quais a *autenticidade* é concebida como uma entidade que pode ser manufaturada (Taylor, 2002: 481). Esta fabricação da autenticidade, com auxílio crescente de materiais da cultura da mídia e do consumo, tende a ser encarada como fato tipicamente pós-moderno – celebrável ou lastimável. Sem querer negligenciar as especificidades do fenômeno na contemporaneidade, convém lembrar, aqui, as raízes românticas desta construção da autenticidade mediante o envolvimento com bens e serviços representativos de escolhas centradas na identidade e nos estilos de vida.

Detentora de grande valor simbólico, a noção de autenticidade se firmou, ao longo do romantismo europeu, como um critério básico para o julgamento ético do comportamento individual e para a avaliação do mérito dos bens culturais. Opunha-se tanto à divisão consciente entre *ser* e *parecer*, encarada como uma forma de servidão às pressões sociais, quanto à criação artística pautada por "interesses comerciais" mesquinhos, e não pela paixão e pelo furor poético. A reivindicação da autenticidade por parte da *intelligentsia* européia do final do século XVIII e início do XIX traduzia, pois, o mal-estar de um segmento social diante da modernidade, avaliada como prosaica e competitiva, eivada de artificialismo na linguagem, no comportamento e na arte.

Apesar do apelo a valores tradicionais e a instâncias superiores (comunidade, nação, raça, natureza, espírito, estética), o romantismo apresenta uma relação ambígua e irônica com a cultura do consumo e o mercado (Campbell, 2001). Se, por um lado, o ideal de cultura romântico constitui uma das mais duradouras fontes de críticas à civilização materialista, por outro, o ideal peculiar de caráter e a filosofia da auto-expressão e da auto-realização glorificados naquele período deram ensejo à dinâmica inquieta do consumismo moderno. A visão de mundo romântica ofereceu os motivos mais elevados para encorajar e legitimar eticamente a imaginação, o devaneio, a insatisfação com a vida cotidiana e a aspiração ao sonho; por conseqüência, contribuiu para alçar o prazer acima do conforto, contrariando as restrições tradicionalistas e utilitárias ao desejo.

Sob o impacto de uma sociedade indiscriminadamente monetizada e instrumentalizada, os românticos desfraldaram a bandeira de uma autenticidade pessoal derivada do que havia de *natural*, emocional, irracional e sensual no ser humano. Além disso, associavam tais fontes de autenticidade com senso estético e criatividade, pontos de referência para o processo cotidiano de construção e exibição da individualidade. É nesse contexto que o estilo dos bens, das atividades e das experiências assumido pelos indivíduos se torna uma questão de *verdade pessoal*.

A tão enaltecida busca da originalidade não era atributo exclusivo dos gênios românticos, destemidos criadores de obras-primas. A concepção romântica de individualidade foi incorporada, já no século XIX, pelo universo mais mundano e feminino da "arte de se vestir" – amparados no familiar discurso da livre escolha, editores de revistas de moda estimulavam as leitoras a consumir de "maneira sensível" as novidades do mercado. "As mulheres", explica Delhaye (2006: 107), "eram encorajadas a conceber a si mesmas como consumidoras autônomas para quem a moda, como uma instituição social, só poderia ser legitimada quando adaptada ao seu próprio estilo autodesenvolvido".

Graças, em suma, à insistência romântica para sermos o que parecemos, fundimos o privado e o público, o interior e o exterior, tornando-nos propensos a um consumismo que promete constantemente um *eu* coerente, autêntico e valorizado. Competirá à mídia moderna fortalecer o elo entre *romantismo* e *consumismo*, aproximando os produtos e as atividades de consumo (mesmo as aparentemente mais corriqueiras e desenxabidas) do universo das crenças, aspirações e atitudes "românticas"; impregnando o processo de aquisição e uso de mercadorias com conotações de prazer, liberdade individual, manifestação de originalidade, entre outras associações incorporadas e divulgadas – à exaustão – pelo discurso ideológico da "soberania do consumidor".

Nas páginas da *Capricho*, os espaços indissociáveis do jornalismo e da publicidade propagam que, hoje em dia, qualquer projeto de emancipação feminina implica, acima de tudo, a busca por mais "atitude" – outro termo de uso freqüente e conceituação precária que remete, em linhas gerais, a um modo de proceder autônomo, caracterizado notadamente, no âmbito discursivo da revista, pela interação criativa, expressiva e independente com o mundo das mercadorias, foco central de agenciamento, autoconfiança e resistência.

De acordo com a genealogia do feminismo alinhavada pela *Capricho*, as "gatinhas" de outrora precisavam batalhar seu espaço, procurar mais liberdade na esfera pública e doméstica; já para as garotas superpoderosas de hoje, o eixo da luta é a defesa da autenticidade, entendida basicamente como a possibilidade de formulação e comunicação – por meio de toda a conhecida parafernália da feminilidade (maquiagem, vestuário, adornos, tietagem) – de idéias e valores próprios, tal qual ratifica o editorial assinado por Brenda Fucuta, diretora de redação:

> CAPRICHO. Seja diferente. Seja você. Vinte anos depois, a adolescente brasileira mudou bastante. Graças às gatinhas, ela conquistou mais liberdade em casa, é mais resolvida, mais tranqüila com os pais. A busca dela, a sua busca, não é por mais espaço, mas por mais atitude. E só dá para ter atitude quem tem seus próprios valores. Quem tem idéias próprias, e não emprestadas, para expressar. Quem olha o mundo sem preconceito olha de um jeito novo, único e individual (Pulo para 2005, 03 abr. 2005, p. 88).

Percebe-se, no cerne do projeto editorial-mercadológico da *Capricho*, a disposição em sedimentar uma imagem da "nova adolescente" em sintonia com os assim chamados tempos *pós-feministas* – mais um conceito ambíguo e controverso encampado pela mídia, com avidez, a fim de proclamar o desinteresse (ou mesmo a aversão) pelo feminismo por parte das gerações de adolescentes nascidas num mundo moldado pelas conquistas do movimento (ampliação do acesso ao emprego e à educação, edificação de novos arranjos familiares, por exemplo).[43]

---

[43] O termo pós-feminismo foi cunhado pela imprensa dos anos 1920, com o intuito de salientar que os avanços então alcançados pelo feminismo tornavam desnecessária a continuidade do ativismo das mulheres (Faludi, 1991: 55). O conceito debuta na academia no final dos anos 1980, quando Deborah Rosenfelt e Judith Stacey registraram "a presença de uma cultura e uma ideologia emergente que simultaneamente incorpora, revisa e despolitiza muitas das questões fundamentais desenvolvidas pela segunda onda feminista". Em 1991, o termo ressurgiu com força renovada na crítica midiática, sendo diferenciadamente aplicado tanto para exaltar quanto para criticar a produção televisiva (Lotz, 2001).

Mais do que representar, porém, uma rejeição pura e simples do feminismo *in totum*, o *imaginário* ou a *estrutura de sentimento* pós-feminista abarca a simultânea apropriação, distorção e trivialização de premissas e objetivos centrais da segunda onda feminista – avaliada como desesperançada e repressora, interessada em submeter as mulheres a um conjunto limitado de comportamentos e crenças "politicamente corretas", em que todos os aspectos da vida pessoal são rigidamente prescritos e policiados (Aronson, 2003; Budgeon, 2001; Coppock *et al.*, 1995; Faludi, 1991; Gamble, 2001; Vavrus, 2000).

Na visão de Genz (2006: 337), o pós-feminismo constitui uma resposta às qualidades cambiantes da experiência feminina/feminista no contexto das sociedades liberais avançadas, onde as pessoas estão menos dispostas a tornar-se ideologicamente associadas a qualquer movimento político ou identidade social fixa ("feminista"; "feminina"; "maternal" etc.), embora, ao mesmo tempo, ainda estejam vivenciando conflitos de gênero em suas vidas públicas e privadas. As novas gerações de mulheres estariam inclinadas a apoiar certos princípios feministas liberais de igualdade educacional e profissional, recusando-se, entretanto, a abrir mão dos alardeados prazeres e recompensas das formalidades e convenções da feminilidade, sancionados por anúncios, filmes, programas de televisão e revistas especializadas.

No sedutor "nirvana pós-feminista", no qual a mulher pode ter o melhor dos dois mundos (Dow, 1996: 107), o consumo deixa de ser visto como a "prisão de ouro do patriarcado" e passa a ser tratado como uma atividade divertida, resistente ou, pelo menos, fruto de deliberação ativa e instruída. Ou seja, um espaço em que as mulheres podem desenvolver seu potencial de criatividade simbólica e auto-expressão, entre outras formas significativas de liberdade e conquista pessoal – os grandes estandartes a serem levantados numa conjuntura em que, conforme ratificou a *Capricho*, a igualdade de oportunidades para as mulheres já foi alcançada...

Maquiagem, roupas e adereços são declarados, na realidade, como a base mesmo para a resistência feminista ao patriarcado, potencializando o uso do corpo como ferramenta política dentro dos parâmetros do regime capitalista. Tal perspectiva foi delineada exemplarmente num dos episódios de *Ally McBeal*, esquadrinhado por Ouellete (2002: 323-324). Durante uma sessão de tribunal, Ally é repreendida por um juiz mais velho: sua saia, "excessivamente curta", não era conveniente para uma advogada. A heroína replica que o código de vestuário do magistrado constitui uma violação sexista da sua individualidade e retorna, no dia seguinte, com uma saia ainda mais concisa, sendo presa por desacato à corte. O roteiro apresenta a decisão de Ally como uma *escolha 'empoderada'*, que desafia tanto as presumidas objeções feministas à minissaia quanto o poder patriarcal de definir a vestimenta profissional feminina adequada. Ao defender a colega na corte, Nelle chama a atenção para uma contradição nos modelos de conduta sexual feminina: imagens midiáticas proclamam, por todos os lados, que as mulheres precisam ser bonitas e sedutoras; todavia, quando elas se apresentam desta forma, são julgadas incompetentes e não-profissionais.

Conforme sublinha Ouellette, o argumento da defesa se baseia no direito das mulheres de serem atrativas sexualmente (tal qual estipulado pela mídia) e, ao mesmo tempo, respeitadas em seu lugar de trabalho, não havendo um questionamento dos estritos padrões de beleza preconizados, nem do histórico tratamento das mulheres como mercadorias sexuais que estes parâmetros endossam.

> Como o novo pós-feminismo, esta equiparação do agenciamento feminino com a liberdade de usar uma minissaia não chega a interrogar a construção social do gênero e a política genérica das relações de aparência. Dentro do contexto de *Ally McBeal*, o episódio também distingue as estilosas mulheres pós-feministas da implícita contra-imagem das feministas, ultrapassadas mulheres radicais, desprovidas de atrativos (324).[44]

Esses e outros problemas são perceptíveis no modelo da jovem "cidadã consumidora pós-feminista" – "ativa, empoderada, acima das influências e

[44] Para muitas oponentes do pós-feminismo, a aparente relutância das adolescentes em se assumirem como feministas advém, em grande medida, da arraigada iconografia da "feminista militante": "misândrica", "incendiária de sutiã", "insensível", "obcecada com a ascensão profissional", "antifeminina" e, por conseguinte, "deselegante", "feia" — "A frase recorrente 'Eu não sou feminista, mas...' demonstra a tendência das jovens para abraçar o que o feminismo 'tornou possível para elas', mas também para rejeitar a bagagem do estereótipo da feminista construído pela mídia" (Ouellette, 2002: 320).

insubmissa, capaz de escolher 'usar a beleza' para sentir-se bem, sentir-se confiante" (Gill, 2007b: 74) – que desfila pelas páginas da *Capricho*. Em que pese sua retórica auto-afirmativa e pretensamente provocadora, o discurso pós-feminista apropriado pela revista não estimula as adolescentes a transcender os limites da "autonomia" e da "rebeldia" na esfera do consumo de mercadorias – muitas das quais ostentando, desde a fábrica, a marca registrada da autenticidade.[45] Objetivos e ideais feministas de auto-realização e liberação são traduzidos em termos de escolha individual e estilo de vida, não contribuindo para o desenvolvimento de uma consciência da natureza coletiva da opressão e da necessidade de ações organizadas para remediar injustiças sociais.

Além disso, as evocações do mantra madonniano "Reinventa-te a ti mesmo" são formuladas de uma maneira tal que dificilmente fomentam possibilidades de autotransformação que escapem, mesmo que furtivamente, de dispositivos de identificação, classificação e normalização; que resistam aos esforços de consolidação de identidades e relações socialmente predefinidas e bem aceitas. Desejos "ambíguos" ou "excêntricos" são terminantemente reprovados ou silenciosamente condenados; é enfatizada, simultaneamente, a alta probabilidade de risco e fracasso de quem ousa experimentações mais "radicais" ou "alternativas", em dissonância com os regimes prevalentes de articulação, apresentação e mercadorização do *self*.

A revista escamoteia seus efeitos homogeneizantes (isto é, seu comprometimento com formas padronizadas de feminilidade, com normas genericamente determinadas de juventude e desejabilidade heterossexual; seu reforço de doutrinas e modos de *ser/aparecer* extremamente rigorosos) com apelos individualizantes destinados a ratificar que as práticas apregoadas não estão primordialmente ligadas à conformidade com expectativas alheias, mas, sim, a motivações intrínsecas e projetos pessoais da adolescente (como ganho de auto-estima).

---

[45] Na própria *Capricho*, como já era previsível, encontramos muitos produtos que adotam esta linguagem comercial estratégica, com destaque para o tênis All Star Converse ("Autêntico como Você") e o sutiã Scala ("Ainda é a sua mãe que escolhe o seu sutiã? Fala sério!"), além, é claro, da lingerie Capricho ("Atitude. Quem tem mostra na cintura").

Devidamente escoladas nas artes da auto-apresentação, as jovens leitoras despontam como verdadeiras "empreendedoras do *self*" (Tait, 2000: 166), instigadas a entender seus possíveis sucessos e fracassos como resultado de circunstâncias pessoais e traços de personalidade, em detrimento de explanações estruturais. Conforme demonstrarei na seção abaixo, suas eventuais experiências de 'empoderamento' e de agenciamento estão imbricadas com uma "gramática do individualismo" (Gill, 2007b: 74) totalmente afinada com os nossos tempos neoliberais.

O "consumo da civilidade" e a governamentalidade neoliberal

Embora a leitura de revista seja, por natureza, uma atividade solitária, *Capricho* objetiva congregar as adolescentes em torno da participação em uma *comunidade imaginária*, propiciando-lhes identificações, apoio psicológico e sentimento de pertencimento. Por uma quantia relativamente modesta (R$ 5,95), são concedidas informações instrumentais, dicas práticas e conhecimentos especializados a respeito de atitudes e mercadorias que ajudam a melhorar a aparência, "turbinar a auto-estima", "desenvolver o próprio potencial", atrair rapazes e fazer amigas. Seções como "Vida Real" e "Micos" incitam as próprias leitoras a trazer à tona dilemas e tragédias da condição juvenil, revelando sua participação em situações tormentosas, embaraçosas e/ou risíveis. Tais matérias confessionais, além de possuir um possível efeito terapêutico para as autoras, fortalecem a sensação reconfortante de que todas as jovens compartilham dos mesmos problemas, ansiedades e expectativas.

Apesar de o impacto dos meios de comunicação ser sempre mais visível e passível de reprovação nas ocasiões em que rapazes e moças parecem adotar ostensivamente posturas e modismos preconizados pelos textos comerciais, o poder da mídia se torna muito mais penetrante, a meu ver, quando ela opera no sentido de definir a natureza, as agruras e o vigor da adolescência (sua genuína *realidade*, enfim), através de processos discursivos que priorizam questões, categorizam experiências e desejos como matéria de preocupação privada e/ou pública, *reembalam* valores e modos de ser hegemônicos de maneira significativa para o público consumidor. Editoriais, artigos, reportagens, entrevistas, depoimentos, testes, dicas e anúncios fixam, num tom prazenteiro, as fronteiras do normal e do patológico, do sucesso e do fracasso, do consumismo sadio e da oneomania, da magreza modelar e da anorexia, da gulodice e da compulsão, da liberdade sexual e da libertinagem temerária...

Tais paradigmas éticos, estéticos e morais estão fortemente ligados, por sua vez, a discursos produzidos em outras esferas da sociedade. Conforme assinala Macdonald (2003), os meios de comunicação de massa devem ser conceituados, no máximo, como "motivadores parciais de idéias e valores" (2). As demandas da audiência, dos anunciantes, dos contadores, dos profissionais de marketing, publicidade e promoção, entre outros grupos de pressão, concorrem para que a criatividade e o poder da mídia residam mais em manejar discursos preexistentes e rivais do que em inventá-los pura e simplesmente.

As revistas femininas juvenis se inserem, de fato, em influentes redes discursivas, estando relacionadas com as operações do poder – notadamente, com a produção de sujeitos condizentes com valores e propósitos do neoliberalismo (entendido, aqui, menos como uma filosofia de governo e democracia baseada na redefinição do Estado e na defesa do livre-mercado do que como uma racionalidade governamental para um arranjo social que se apóia em novos tipos de cidadãos-consumidores e novas técnicas para governá-los em termos de sua liberdade, autonomia e escolha).

Estes imperativos governamentais que visam à modificação da conduta das adolescentes não se realizam pela força de um édito administrativo, de um decreto-lei, de forma ostensivamente repressiva. As estratégias discursivas empregadas para recrutar as adolescentes para os programas de auto-reforma são, na realidade, deveras sutis, combinando retoricamente identificação, incentivo e disciplina. De acordo com o discurso da *Capricho*, as jovens leitoras podem e devem definir que tipo de vida querem levar, dentre as opções moldadas e legitimadas pelo mercado de signos e imagens e pelos *experts* (mas experienciadas e justificadas como desejos pessoais); necessitam, para isso, assumir uma atitude auto-reflexiva e de automonitoramento no tocante à sua personalidade, à sua identidade, à sua aparência, ao seu estilo de vida. Tal perspectiva se evidencia nas atitudes apregoadas em relação ao corpo, no fomento de uma *cultura somática* em que os corpos malhados e amimalhados aparecem como contingentes – projetos individuais inacabados que requerem constante cuidado, renovação e preocupação, sobretudo autodisciplina[46] e prevenção de risco.[47] As jovens são encorajadas a embarcar no escrutínio sistemático e incessante de todos os aspectos de si mesmas (medidas e posturas corporais, corte de cabelo, maquiagem, vestuário, temperamento, hábitos, opiniões, escolhas, fantasias...) pela promessa de

---

46 "Férias: 10; Gordura: Zero — Quatro garotas adeptas da fórmula 'férias = malhação' dão dicas para você voltar às aulas em forma e no maior pique" (26 dez. 2004, p. 58-61); "Básico! Para não deixá-lo cair: 10 dicas para enfrentar o verão sem estragar os cabelos" (26 dez. 2004, p. 63); "Refrigerante, escova, sofá... Acabe com o que joga contra sua beleza" (20 mar. 2005, p. 66-69); "Efeito laranja: nove em cada dez meninas sofrem com a celulite. Conheça os principais tratamentos e veja o que funciona de verdade" (26 jun. 2005, p. 44-47); "Hora de morfar (sic)! A Flávia odeia suas pernas grossas. A Vanessa detesta suas pernas finas. O que parece bobagem para os outros pode fazer a nossa vida virar um inferno: 'Não uso saia, não uso biquíni, odeio short' e assim vai. Montamos um plano de ginástica que vai acabar com o seu problema" (24 jul. 2005, p. 44-46); "Olha a postura — Não é só frescura de mãe. Manter as costas retas é questão de elegância, saúde e barriga mais bonita" (19 set. 2005, p. 44-45); "Coxa grossa, eu? Uma série turbinada que vai acabar com seu complexo de coxão", 19 set. 2005, p. 68-71)...

47 "Você se acha gorda? Conta calorias? Vive de dieta? Cada vez mais meninas normais têm bulimia ou anorexia. Faça o nosso teste e descubra se você corre o risco" (01 maio 2005, p. 22-26); "Jogo do fast food: aprenda a fazer um lanche trash saudável" (10 jul. 2005, p. 42-45); "Transtorno alimentar: a diferença entre ser gulosa e compulsiva" (06. ago. 2006, p. 82-84); "Game over - O jogo diabólico da anorexia" (26 nov. 2006, p. 96-101)...

Em outubro de 2006, *Capricho* lançou o seu Guia Teen de Dietas Saudáveis. No texto de abertura "Para devorar, sem culpa!", a editora "Brenda" justificou a conveniência deste número especial da revista: "Por que *Capricho*, que sempre levantou a bandeira da anti-anorexia (sic), resolveu publicar um livro (sic) sobre dietas? Se esta foi a primeira coisa que você pensou, saiba que a questão faz muito sentido. A gente também se preocupou com isso. Por outro lado, havia uma necessidade de se tocar no assunto. Como atender aos desejos de milhares de leitoras que querem emagrecer (algumas até querem engordar) e não sabem onde se informar para atingir seu objetivo? Como avisar estas garotas que a maior parte das dietas é puro perigo? O jeito foi fazer o possível: se a gente ia falar de dieta, que fosse da maneira que a gente gosta de fazer. Com responsabilidade, ouvindo dezenas de nutricionistas e médicos *[na lista de consultores, veiculada na última página da revista, constam os nomes de oito especialistas]*, e com respeito a você, sabendo de suas necessidades específicas. Por causa do trabalho brilhante de reportagem e edição (...) este guia acabou se destacando totalmente de todos os livros sobre regime. Isso é tão verdade que, depois de lê-lo, é bem possível que você chegue à conclusão de que não precisa mesmo dele. Ou de dieta."

tornarem-se, ao mesmo tempo, emocional e sexualmente saudáveis; pessoalmente únicas, autênticas e, concomitantemente, ajustadas, socialmente normais; populares entre os colegas ("uma celebridade na sua turma") e atraentes para os garotos ("sexy sem ser vulgar").[48]

O panorama e os dilemas da vida das adolescentes delineados pela revista *teen* parecem se harmonizar com os relatos teóricos de Giddens e Beck sobre a dinâmica social e institucional da "modernização reflexiva", sumariados na primeira seção deste artigo. A despeito de seus *insights* vistosos acerca da "espiral de individualização" contemporânea, escapa à obra dos dois sociológicos – conforme aponta McRobbie (2004: 260-261) – uma percepção mais aguda da dimensão reguladora do discurso popular da autonomia individual e da liberdade de escolha (de bens de consumo, trajetórias de vida e identidades). Dentro da cultura do estilo de vida, a escolha é, indubitavelmente, uma modalidade de constrangimento:

> O sujeito é compelido a ser o tipo de sujeito que pode fazer as escolhas corretas. Deste modo, novas linhas e demarcações são estabelecidas entre aqueles que são avaliados como responsivos ao regime de responsabilidade pessoal e aqueles que falham drasticamente. Nem Giddens nem Beck formulam uma crítica substancial das relações de poder que operam tão efetivamente num nível concreto. Eles não percebem que isto produz novos domínios de danos e injustiças (261).

---

[48] Em nenhum espaço da revista, o convite ao autoconhecimento e ao autoaperfeiçoamento é formulado de maneira tão aberta e direta quanto na tradicionalíssima seção Testes, cujas indagações centrais ("Você está pronta para transar?"; "Qual o seu QI sexual?"; "Você tem TPM?"; "Como você age sobre pressão?"; "Você é largada?"; "Você tem problema com os homens?"; "Você ajuda ou atrapalha?"; "Você fala demais?"; "Você sabe se impor?"; "Você se acha feia?"; "Você sabe ser charmosa?"; "Você é muito atirada?"; "Qual é o seu estilo?"; "Você sabe guardar segredo? Tem certeza?"; "Que tipo de filha você é?"; "Que tipo de namorada é você?", "Quem é você no BBB5?"...) são sempre acompanhadas de um rol de respostas predeterminadas e de um quadro taxonômico de identidades, estilos e personalidades ranqueadas de acordo com a pontuação obtida pela leitora.

É possível refinar o entendimento dos vínculos entre a noção específica de *liberdade* propagada pela revista *Capricho* e as transformações no regime de regulação da conduta pessoal, recorrendo a autores do campo da sociologia, da ciência política e dos estudos culturais que trabalham com a *teoria da governamentalidade* (Burchell *et al.*, 1991; Barry *et al.*, 1996; Dean, 2004; Lemke, 2001, 2002; O'Mailey *et al.*, 1997; Rose, 1996, 1999, 2005). De origem foucaultiana (Foucault [1978] 2006; ver também Burchell, 1993; Gordon, 1991; Lemke, 2001, 2002), o conceito de *governamentalidade* passou a ser empregado a partir da década de 1990, com crescente freqüência, em teorizações dos estilos de razão política neoliberal que operam por meio de conhecimentos especializados a fim de constituir sujeitos que, em suas tentativas de autodesenvolvimento, voluntariamente adotem as funções reguladoras do governo. Como o neoliberalismo advoga que os sujeitos sociais não são, nem devem ser, submetidos a formas diretas de controle do Estado, esta racionalidade governamental se apóia em mecanismos para governar a distância, por meio de sujeitos sociais autodisciplinados, encorajados a sentirem-se responsáveis pelo seu próprio bem-estar. No momento mesmo em que parece estar exercendo suas escolhas mais pessoais, o sujeito que busca ativamente o autodesenvolvimento atua como um veículo para um espectro de práticas e políticas de governo e regulação.

Observa-se, aqui, uma mudança da imposição externa da disciplina para uma motivação interna: "Técnicas disciplinares e injunções moralizantes acerca de saúde, higiene e civilidade não são mais requeridas; o projeto da cidadania responsável se fundiu com os projetos dos indivíduos para si mesmos. O que começou como uma norma termina aqui como um desejo pessoal" (Rose, 2005: 88). Sob esta ótica, o neoliberalismo envolve menos, portanto, o recuo da intervenção governamental, do que a reinscrição de técnicas e formas de expertise requeridas para o exercício do governo. A compreensão da relação entre sujeito e poder, neste contexto, não deve ancorar-se na lamentação quanto às formas mediante as quais a autonomia é suprimida pelo Estado, mas, sim, na investigação dos modos por intermédio dos quais a subjetividade se tornou um objeto, um alvo e um recurso essencial para certas estratégias, táticas e procedimentos de regulação.

As mesmas forças que deslegitimaram a interferência "pública" na vida "privada" descerraram os detalhes das aspirações, dos desejos e dos prazeres para uma imensidade de novas formas reguladoras, não menos poderosas por serem "desassociadas" das prescrições dos poderes públicos:

> Televisão, propaganda, revistas, jornais, vitrines – os signos e as imagens da vida boa foram inscritas em toda superfície em que podiam ser impressas. As novas tecnologias da formação da cidadania passaram a adquirir seu poder através de compromissos subjetivos com valores e modos de vida que eram gerados pela técnica da escolha e do consumo (Rose, 1999: 229).

O sujeito político é, nesta conjuntura, menos um cidadão com poderes e obrigações derivadas do pertencimento a um corpo coletivo, do que um indivíduo cuja cidadania deve manifestar-se por meio do livre exercício da escolha pessoal entre uma variedade de opções de mercado. Aos novos cidadãos é oferecida uma identidade como consumidor – uma imagem e um conjunto de relações práticas com o *self* e com os outros, cingidas não apenas à esfera da compra e venda de bens de consumo, mas também a domínios outrora eminentemente sociais (saúde, educação, família etc).

Por intermédio da transformação de todos esses pressupostos institucionais, os indivíduos modernos não se tornam apenas "livres para escolher", mas *obrigados a serem livres*, a entender e a levar suas vidas em termos de escolha:

> Eles devem interpretar seu passado e sonhar seu futuro como desdobramentos de escolhas feitas ou ainda por fazer. Tais escolhas, por sua vez, são vistas como materializações dos atributos da pessoa que escolhe – expressões de personalidade – e refletem-se de volta sobre a pessoa que as efetuou (Rose, 2005: 87).

À medida que estes mecanismos de regulação através do desejo, do consumo e do mercado – "civilização mediante identificação" – passam a estender sua influência a setores cada vez mais amplos da população, antigos mecanismos burocráticos e governamentais de autoformação e auto-regulação se tornam menos proeminentes e podem começar a ser desmantelados e redirecionados para os indivíduos marginalizados (a mãe solteira, o delinqüente juvenil, o usuário de droga, o sem-teto...) que – por vontade própria ou incompetência – estão fora das redes de "consumo da civilidade" (idem: 87-88).

Dentro do novo regime de responsabilidade, todas as diferenças, e as desigualdades delas resultantes, são encaradas como uma questão de escolha: "Se alguém termina pobre, desempregado e insatisfeito, é devido a uma avaliação precária nas tomadas de decisão de risco" (Ericson *et al.*, 2000: 554). Os livros de auto-ajuda traduzem, com impetuosidade, a estratégia neoliberal de atribuir aos sujeitos individuais (e também, em alguns casos, a instituições coletivas, como a família) a responsabilidade por riscos sociais como doença, desemprego, pobreza... "Em *Facing the future*, Worzel adverte que 'na década de 1990, os empregos serão como todos os veículos terrestres. Você é o motorista e não há estradas. Você determina a direção, a velocidade, a necessidade de reparo, e você é responsável por tudo de bom ou ruim que acontece pelo caminho'" (idem, ibidem).

Decifrando o poder do banal

A investigação teórica e metodologicamente bem fundamentada das revistas femininas juvenis permite aprofundar a reflexão a propósito de aspectos centrais do atual estágio da nossa sociedade, seja qual for o artifício heurístico usado em sua periodização – *modernidade tardia*; *segunda modernidade*; *modernidade reflexiva*; *hipermodernidade*; *pós-modernidade*... Entre os temas mais amplos passíveis de serem iluminados através da abordagem meticulosa destes desnobilíssimos artefatos midiáticos, destacam-se: 1) a relação cada vez mais simbiótica entre *cultura da mídia* e *cultura do consumo*; 2) os novos ideais de corpo, identidade, sucesso, liberdade, moralidade e cidadania; 3) a revisão e incorporação do feminismo no mundo do comércio; 4) a tradução das aspirações dos indivíduos em formas insidiosas de regulação e controle social.

Com os olhos voltados prioritariamente para as jovens cosmopolitas brancas de classe média da região Sul e Sudeste do país[49], *Capricho* dissemina técnicas

[49] Lendo, a propósito, uma matéria sobre "os riscos da cirurgia plástica" e "os padrões tão desumanos de beleza" veiculada numa edição mais antiga da *Capricho*, deparei-me com uma justificativa interessante para a (continuada) ausência de garotas negras na revista: "Uma vez colocamos uma negra na capa da revista e ela vendeu bem menos do que as outras, isso quer dizer, ninguém quis comprar. Qual é a explicação? Inconscientemente nos deixamos levar pelos tais padrões de mercado" (Que susto!, 27 out. 1996, p. 89). Deixando de lado as insondáveis motivações psicológicas das leitoras da revista,

mediante as quais as leitoras são estimuladas a refletirem sobre si mesmas e sobre a necessidade de corrigir suas condutas na busca individual da conquista e manutenção do "estado de bem-estar pessoal". A exemplo do "movimento pela auto-estima" analisado por Cruikshank (1996), esta publicação promete oferecer às adolescentes uma tecnologia da subjetividade que vai ajudá-las a resolver seus problemas sociais, deflagrando uma revolução não contra o capitalismo ou o patriarcado, mas contra as maneiras (equivocadas) de governar a si mesmas.

Negligenciadas pela crítica cultural, as revistas femininas juvenis funcionam, deste modo, como usinas de produção preambular de sujeitos neoliberais – na forma idealizada de indivíduos autoconfiantes, auto-regulados e autocentrados. Não se pode, porém, é claro, presumir e proclamar que todas as jovens se comportarão necessariamente de acordo com as prescrições e proscrições formuladas, de maneira explícita ou tácita, pela imprensa especializada (na intersecção com discursos afins ou conflitantes sobre a feminilidade exemplar). A consistência do detalhamento de identidades e práticas de autoformação não implica coerência na resposta das leitoras, que podem utilizar, alterar, satirizar, adaptar, adotar parcial ou esporadicamente ou ignorar inteiramente modelos identitários e tecnologias de si divulgadas pelas revistas. Este rol de possibilidades não significa, como argumenta Tait (2003: 89), que tais manuais de autoformação sejam malsucedidos, mas, sim, que a relação entre o seu conteúdo e desdobramentos práticos específicos é complexa e contextual, merecendo investigações mais aprofundadas.

Referências bibliográficas

ABELSON, Elaine S.. *When ladies go a-thieving: middle-class shoplifters in the Victorian department store*. Nova Iorque: Oxford University Press, 1992.

ARONSON, Pamela. Feminist or "postfeminists"? Young women's attitudes toward feminism and gender relations. *Gender & Society*, vol. 17, nº 6, p. 903-922, 2003.

é possível asseverar que suas editoras, conscientemente solidárias com as regras do mercado, agem com o mesmo "cinismo operativo" que, segundo Eco (1978), levara Ian Fleming a injetar doses elevadas de maniqueísmo patriótico e estereótipos machistas nas aventuras de James Bond, embora o autor inglês talvez não fosse, ele mesmo, misógino, xenófobo ou macarthista.

ARTHURS, Jane. *Sex and the City* and consumer culture: re-mediating postfeminist drama. *Feminist Media Studies*, vol. 3, nº 1, p. 83-98, 2003.

BARRY, Andrew *et al.* (eds.). *Foucault and political reason: liberalism, neo-liberalism, and rationalities of government*. Chicago: University of Chicago Press, 1996.

BECK, Ulrich. *Risk society: towards a new modernity*. Londres: Sage, 1992.

________. Interview with Ulrich Beck. *Journal of Consumer Culture*, vol. 1, nº 2, p. 261-277, 2001.

BECK, Ulrich *et al. Modernização reflexiva: política, tradição e estética na ordem social moderna*. São Paulo: Unesp, 1997.

BOURDIEU, Pierre. *La distintion – critique sociale du jugement*. Paris: Les Éditions de Minuit, 1997 [1979].

BROOKS, Ann. *Postfeminisms: feminism, cultural theory and cultural forms*. Londres: Routledge, 1997.

BRUNSDON, Charlotte. Post-feminism and shopping films. In: *Screen tastes: soap opera to satellite dishes*, p. 81-102. Londres: Routledge, 1997.

BUDGEON, Shelley. Emergent feminist (?) identities: young women and the practice of micropolitics. *The European Journal of Women's Studies*, vol. 8, nº 1, p. 7-28, 2001.

BUITONI, Dulcília Schroeder. *Mulher de papel: a representação da mulher na imprensa feminina brasileira*. São Paulo: Cortez, 1981.

________. *Imprensa feminina*. São Paulo: Ática, 1990.

BURCHELL, Graham. Liberal government and techniques of the self. *Economy and Society*, vol. 22, nº 3, p. 267-282, 1993.

BURCHELL, Graham *et al.* (eds.). *The Foucault effect: studies in governmentality*. Chicago: Chicago University Press, 1991.

CAMPBELL, Colin. *A ética romântica e o espírito do consumismo moderno*. Rio de Janeiro: Rocco, 2001.

CARPENTER, Laura. From girls into women: scripts for sexuality and romance in *Seventeen* magazine, 1974–1994. *Journal of Sex Research*, vol. 35, n° 2, p. 158-168, 1998.

CHANEY, David. *Lifestyles*. Londres: Routledge, 1996.

COOK, Daniel Thomas. The rise of "the toddler" as subject and as merchandising category in the 1930s. In: GOTTDIENER, Mark (ed.). *New forms of consumption: consumers, culture and commodification*, p. 111-129. Laham: Rowman & Littlefield Publishers, Inc, 2000.

COPPOCK, Vicki *et al. The illusions of "post-feminism". New women, old myths*. Londres: Taylor and Francis, 1995.

COUTO, Wanessa Gonçalves dos Santos. Imagens da adolescência feminina na revista *Capricho*. Dissertação de Mestrado. Universidade Federal do Espírito Santo. Departamento de Psicologia. 2002.

CRUIKSHANK, Barbara. Revolutions within: self-government and self-esteem. In: BARRY, Andrew *et al.* (eds.). *Foucault and political reason: liberalism, neo-liberalism, and rationalities of government*, p. 231-251. Chicago: University of Chicago Press, 1996.

CURRIE, Dawn H. *Girl talk: adolescent magazines and their readers*. Toronto: University of Toronto Press, 1999.

________. Dear Abby: advice pages as a site for the operation of power. *Feminist Theory*, vol. 2, n° 3, p. 259-281, 2001.

DEAN, Mitchell. *Governmentality: power and rule in modern society*. Thousand Oaks, CA: Sage, 1999.

DELHAYE, Christine. The development of consumption culture and the individualization of female identity. Fashion discourse in the Netherlands 1880-1920. *Journal of Consumer Culture*, vol. 6, nº 1, p. 87-115, 2006.

DOW, Bonnie J.. *Prime-time feminism: television, media culture, and the women's movement since 1970*. Filadélfia: University of Pennsylvania Press, 1996.

DU GAY, Paul *et al. Doing cultural studies: the story of the Sony walkman*. Londres: Sage, 1997.

DUKE, Lisa. Black in a blonde world: race and girls' interpretations of the feminine ideal in teen magazines. *Journalism and Mass Communications Quarterly*, vol. 77, n° 2, p.367-392, 2000.

DUKE, Lisa L.; KRESCHEL, Peggy J.. Negotiating femininity: girls in early adolescence read teen magazines. *Journal of Communication Inquiry*, vol. 22, n° 1, p. 48-71, 1998.

DURHAM, Meenaskhi Gigi. Dilemmas of desire. Representations of adolescent sexuality in two teen magazines. *Youth & Society*, vol. 29, n° 3, p. 99-120, 1998.

ECO, Umberto. As estruturas narrativas em Fleming. In: *O super-homem de massa (retórica e ideologia no romance popular)*, p. 149-187. São Paulo: Perspectiva, 1978.

ERICSON, Richard *et al.* The moral hazards of neo-liberalism: lessons from the private insurance industry. *Economy and Society*, vol. 29, nº 4, p. 532-558, 2000.

EVANS, Ellis D. *et al*. Content analysis of contemporary teen magazines for adolescent females. *Youth & Society*, vol. 23, p. 99-120, 1991.

FALUDI, Susan. *Backlash: o contra-ataque na guerra não declarada contra as mulheres*. Rio de Janeiro: Rocco, 2001.

FEATHERSTONE, Mike. *Cultura de consumo e pós-modernismo*. São Paulo: Studio Nobel, 1995.

FELSKI, Rita. "Because it is beautiful": new feminist perspectives on beauty. *Feminist Theory*, vol. 7, n° 2, p. 273–282, 2006.

FISKE, John. British cultural studies and television. In: STOREY, John (ed.). *What is cultural studies? A reader*, p. 115-146. Londres: Arnold, 1996.

FOUCAULT, Michel. A "governamentalidade". In: MOTTA, Manuel Barros (org.). *Estratégia, poder-saber. Ditos e escritos: vol. 4*, p. 281-305. Rio de Janeiro: Forense Universitária, 2006 [1978].

________. Technologies of the self. In: MARTIN, Luther *et al*. (eds.). *Technologies of the self. A seminar with Michel Foucault*, p. 6-49. Massachusetts: The University of Massachusetts Press, 1988 [1982].

________. O uso dos prazeres e as técnicas de si. In: *Ética, sexualidade, política. Ditos e escritos: vol. 5*, p. 193-217. Rio de Janeiro: Forense Universitária, 2004 [1983].

________. A ética do cuidado de si como prática de liberdade. In: MOTTA, Manuel Barros (org.), *Ética, sexualidade, política. Ditos e escritos: vol. 5*, p. 265-287. Rio de Janeiro: Forense Universitária, 2004 [1984].

FOUZ-HERNÁNDEZ, Santiago; JARMAN-IVENS, Freya (eds.). *Madonna's drowned worlds: new approaches to her cultural transformations, 1983–2003*. Aldershot: Ashgate, 2004.

FRANK, Lisa; SMITH, Paul (eds.) *Madonnarama: essays on sex and popular culture*. Pitisburgo: Cleiss Press, 1993.

FRAZER, Elizabeth. Teenage girls reading Jackie. *Media, Culture and Society*, vol. 9, p. 407-25, 1987.

FREIRE FILHO, João. Mídia, consumo cultural e estilo de vida na pós-modernidade. *ECO-PÓS*, vol. 6, n° 1, p. 72-97, 2003.

________. Formas e normas da *adolescência* e da *juventude* na mídia. In: FREIRE FILHO, João; VAZ, Paulo (orgs.). *Construções do* tempo *e do* outro*: representações e discursos midiáticos sobre a alteridade*, p. 37-64. Rio de Janeiro: Mauad X, 2006.

FREITAS, Irene de Lima. A construção de identidade de garotas adolescentes em revistas femininas. Dissertação de Mestrado. Universidade Federal de Uberlândia. Lingüística. 2000.

FRITZSCHE, Bettina. Negociando o feminismo pop na cultura jovem feminina: um estudo empírico com fãs de grupos femininos. *Revista Estudos Feministas*, vol. 12, n° 2, p. 106-115, 2004.

GAMBLE, Sarah (ed.). *The Routledge companion to feminism and postfeminism*. Londres: Routledge, 2001.

GANETZ, Hillevi. The shop, the home and femininity as a masquerade. In: FORNÄS, Johan; BOLIN, Göran (eds.). *Youth culture in late modernity*, p. 72-99. Londres: Sage, 1995.

GARCIA, Marcos Roberto Vieira. Iniciação sexual entre as adolescentes brasileiras: um estudo de cartas enviadas a revistas femininas. Dissertação de Mestrado. Universidade de São Paulo. Psicologia Social. 2000.

GARNER, Ana *et al*. Narrative analysis of sexual etiquette in teenage magazines. *Journal of Communication*, vol. 48, nº 4, p. 59-78, 1998.

GENZ, Stéphanie, Third Way/ve: the politics of postfeminism. *Feminist Theory*, vol. 7, nº 3, p. 333–353, 2006.

GERHARD, Jane. Sex and the City: Carrie Bradshaw's queer postfeminism. *Feminist Media Studies*, vol. 5, nº 1, p. 37-49, 2005.

GIDDENS, Anthony. *As conseqüências da modernidade*. São Paulo: Editora Unesp, 1991.

________. *Modernidade e identidade*. Rio de Janeiro: Jorge Zahar Editor, 2002.

________. An interview with Anthony Giddens. *Journal of Consumer Culture*, vol. 3, nº 3, p. 387-399, 2003.

GILL, Rosalind. Postfeminist media culture: elements of a sensibility. *European Journal of Cultural Studies*, vol. 10, nº 2, p. 147-166, 2007a.

________. Critical respect: the difficulties and dilemmas of agency and 'choice' for feminism. *European Journal of Women's Studies*, vol. 14, nº 1, p. 69-80, 2007b.

GILL, Rosalind; HERDIECKERHOFF, Elena. Rewriting the romance. *Feminist Media Studies*, vol. 6, nº 4, p. 487-504, 2006.

GONICK, Marnina. Reading selves, re-fashioning identity: teen magazines and their readers. *Curriculum Studies*, vol. 5, nº 1, p. 69-86, 1997.

GORDON, Colin. Governmental rationality: an introduction. In: BURCHELL, Graham *et al*. (eds.). *The Foucault effect: studies in governmentality*, p. 1-51. Chicago: Chicago University Press, 1991.

GOUGH-YATES, Anna. *Understanding women's magazine: publishing, markets and readerships*. Londres: Routledge, 2003.

GREER, Germaine. *The whole woman*. Londres: Doubleday, 1999.

GUTIERREZ, Silas. Revistas femininas para adolescentes: uma relação amigável de poder e dominação. Dissertação de Mestrado. Pontifícia Universidade Católica de São Paulo. Departamento de Letras. 2005.

HAWKESWORTH, Mary. A semiótica de um encontro prematuro: o feminismo em uma era pós-feminista. *Revista Estudos Feministas*, vol. 14, nº 3, p. 737-763, 2006.

HALL, Elaine J.; RODRIGUEZ, Marnie Salupo. The myth of postfeminism. *Gender & Society*, vol. 17, nº 6, p. 878-902, 2003.

HALL, Stuart. *The hard road to renewal: Thatcherism and the crisis on the left*. Londres: Verso, 1988.

HALL, Stuart; JACQUES, Martin (eds.). *New Times: the changing face of politics in the 1990s*. Londres: Lawrence & Wishart, 1989.

HOLLOWS, Joanne. *Feminism, femininity and popular culture*. Manchester: Manchester University Press, 2000.

HUYSSEN, Andreas. A cultura de massa enquanto mulher — o "outro" do modernismo. In: *Memórias do modernismo*, p. 41-69. Rio de Janeiro: UFRJ, 1996.

JACKSON, Sue. "Dear *Girlfriend*...": constructions of sexual health problems and sexual identities in letters to a teenage magazine. *Sexualities*, vol. 8, nº 3, p. 282-305, 2005a.

________. "I'm 15 and desperate for sex": "doing and undoing" desire in letters to a teenage magazine. *Feminism and Psychology*, vol. 15, nº 3, p. 295-313, 2005b.

JANSSON, André. The mediatization of consumption. Towards an analytical framework of image culture. *Journal of Consumer Culture*, vol. 2, nº 1, p. 5-31, 2002.

KAPLAN, Elaine Bell; COLE, Leslie. "I want to read stuff on boys": white, latina, and black girls reading *Seventeen* magazine and encountering adolescence. *Adolescence*, vol. 38, nº 149, p. 141-159, 2003.

KELLNER, Douglas. Madonna, moda e imagem. In: *A cultura da mídia – estudos culturais: identidade e política entre o moderno e o pós-moderno*, p. 335-375. Bauru, SP: Edusc, 2001.

KIM, L.S. "Sex and the single girl" in postfeminism: the "f" word on television. *Television and New Media*, vol. 2, nº 4 p. 329-334, 2001.

LEACH, William R.. Transformations in a culture of consumption: women and department stores, 1890-1925. *The Journal of American History*, vol. 71, nº 2, p. 319-342, 1984.

LEMKE, Thomas. "The birth of bio-politics" — Michel Foucault's lecture at the Collège de France on neo-liberal governmentality. *Economy and Society*, vol. 30, nº 2, p. 190-207, 2001.

________. Foucault, governmentality, and critique. *Rethinking Marxism*, vol. 14, n° 3, p. 49-64, 2002.

LESSA, Ana Cecília. Sexualidades na mídia jovem: informar, formar ou expor?: análise dos discursos sobre sexualidades na revista *Capricho* no período entre 1992-1993. Dissertação de Mestrado. Universidade de São Paulo. Ciências da Comunicação. 2005.

LLOYD, Fran (ed.). *Deconstructing Madonna.* Londres: Batsford, 1993.

LOTZ, Amada D.. Postfeminist television criticism: rehabilitating critical terms and identifying postfeminist attributes. *Feminist Media Studies*, vol. 1, n° 1, p. 105-121, 2001.

LUGO-LUGO, Carmen R. The Madonna experience: a U.S. icon awakens a Puerto Rican adolescent's feminist consciousness. *Frontiers: A Journal of Women's Studies*, vol. 22, n° 2, p. 118-130, 2001.

LURY, Celia. *Consumer culture.* Londres: Sage, 1996.

MACDONALD, Myra. *Representing women: myths of femininity in popular media.* Londres: Arnold, 1995.

________. *Exploring media discourse.* Londres: Arnold, 2003.

MASSONI, Kelly. "Teena goes to market": *Seventeen* magazine and the early construction of the teen girl (as) consumer. *The Journal of American Culture*, vol. 29, nº 1, p. 31-42, 2006.

MESSA, Márcia Rejane. As mulheres só querem ser salvas: *Sex and the City* e o pós-feminismo. *E-Compós*, edição 8, abril, 2007. Disponível em: http://boston.braslink.com/compos.org.br/e-compos/adm/documentos/ecompos08_abril2007_marciamessa.pdf. Acesso em maio 2007.

MIKLITSCH, Robert. The case of "Madonna studies". In: *From Hegel to Madonna: towards a general economy of "commodity fetishism"*, p. 99-138. Albany: State University of New York Press, 1998.

MILES, Steven. *Youth lifestyles in a changing world.* Oxford: Open University Press, 2000.

________. Consuming youth: consuming lifestyles. In: MILES, Steven *et al* (orgs.). *Changing consumer: markets and meanings*, p. 131-144. Londres: Routledge, 2002.

MILLER, Peter; ROSE, Nikolas. Mobilising the consumer: assembling the subject of consumption. *Theory, Culture & Society*, vol. 14, nº 1, p. 1-36, 1997.

MIRA, Maria Celeste. *O leitor e a banca de revistas: a segmentação da cultura no século XX*. São Paulo: Olho D'Água, 2001.

MIRANDA-RIBEIRO, Paula; MOORE, Ann. Já nas bancas: a saúde reprodutiva das adolescentes vista através das revistas *Querida* e *Capricho*. *Revista Brasileira de Estudos de População*, vol. 19, n° 2, p. 263-276, 2002.

________. Papéis de gênero e gênero no papel: uma análise de conteúdo da revista *Capricho*, 2001-2002. Disponível em: http://www.cedeplar.ufmg.br/pesquisas/td/TD%20216.pdf. Acesso em jan. 2004.

McROBBIE, Angela. *Feminism and youth culture*: from *Jackie* to *Just Seventeen*. Londres: Macmillan, 1991.

________. Shut up and dance: youth culture and changing modes of femininity. In: *Postmodernism and popular culture*, p. 155-176. Londres: Routledge, 1996.

________. *More!*: nuevas sexualidades en las revistas para chicas y mujeres. In: CURRAN, James *et al*. (orgs.), *Estudios culturales y comunicación: análisis, producción y consumo cultural de las políticas de identidad y el posmodernismo*, p. 263-295. Barcelona: Paidós, 1998.

________. Post-feminism and popular culture. *Feminist Media Studies*, vol. 4, n° 3, p. 255-264, 2004.

MODLESKI, Tania. *Feminism without women: culture and criticism in a "postfeminist" age*. Nova Iorque: Routledge, 1991.

MOSELEY, Rachel; READ, Jacinda. "Having it *Ally*": popular television (post-) feminism. *Feminist Media Studies*, vol. 2, n° 2, p. 231-249, 2002.

NAVA, Mica. Consumerism and its contradictions. In: *Changing cultures: feminism, youth and consumerism*, p. 162-170. Londres: Sage, 1992a.

________. Consumerism reconsidered: buying and power. In: *Changing cultures: feminism, youth and consumerism*, p. 185-200. Londres: Sage, 1992b.

________. Modernity's disavowal: women, the city and the department store. In: FALK, Pasi; CAMPBELL, Colin (eds.). *The shopping experience*, p. 56-91. Londres: Sage, 1997.

________. The cosmopolitanism of commerce and the allure of difference: Selfridges, The Russian Ballet and the tango 1911–1914. *International Journal of Cultural Studies*, vol. 1, n° 2: p. 163-96, 1998.

________. Modernity tamed? Women shoppers and the rationalization of consumption in the interwar period. In: ANDREWS, Maggie; TALBOT, Mary M. (eds.). *All the world and her husband: women in twentieth-century consumer culture*, p. 46-64. Nova Iorque: Cassell, 2000.

________. Cosmopolitan modernity: everyday imaginaries and the register of difference. *Theory, Culture & Society*, vol. 19, n° 1-2, p. 81-99, 2002.

O'MALLEY, Pat *et al*. Governmentality, criticism, politics. *Economy and Society*, vol. 26, nº 4, p. 501-517, 2001.

OLIVEIRA, Sandra Maria do Nascimento de. A configuração dos textos de aconselhamento para adolescentes nas revistas *Atrevida* e *Todateen*. Dissertação de Mestrado. Universidade Federal de Santa Maria. Departamento de Letras. 2002.

OUELLETTE, Laurie. Victims no more: postfeminism, television, and *Ally McBeal*. *The Communication Review*, vol. 5, p. 315-337, 2002.

PEIRCE, Kate. A feminist theoretical perspective on the socialization of teenage girls through *Seventeen* magazine. *Sex Roles*, vol. 23, n° 9/10, p. 491-501, 1990.

________. Socialization of teenage girls through teen-magazine fiction: the making of a new woman or an old lady?. *Sex Roles*, vol. 29, n° 1/2, p. 59-68, 1993.

PINHEIRO, Najara Ferrari. A tessitura do discurso fragmentado da mídia para adolescentes: uma análise da retórica persuasiva da *Capricho*. Dissertação de Mestrado. Universidade Federal de Santa Maria. Departamento de Letras. 1998.

POLHEMUS, Ted. In the supermarket of style. In: REDHEAD, Steve *et al*. (ed.). *The clubcultures reader: readings in popular cultural studies*, p. 53-69. Oxford: Blackwell, 1998.

RAPPAPORT, Erika Diane. *Shopping for pleasure: women in the making of London's West End*. Princeton, N.J.: Princeton University Press, 2001.

REEKIE, Gail. *Temptations: sex, selling and the department store*. Sidney: Allen & Unwin, 1993.

REIMER, Bo. Youth and modern lifestyles. In: FORNÄS, Johan e BOLIN, Göran (eds.). *Youth culture in late modernity*, p. 120-141. Londres: Sage, 1995.

RIBEIRO, Sergio Antonio da Silva. Sexo e adolescência no início do novo milênio: discursos sobre sexualidade na revista *Capricho*. Dissertação de Mestrado. Universidade do Estado do Rio de Janeiro. Departamento de Letras. 2006.

ROSE, Nikolas. *Inventing our selves: psychology, power and personhood*. Cambridge: Cambridge University Press, 1996.

________. *Governing the soul: the shaping of the private self*. Londres: Free Association Books, 1999.

________. *Powers of freedom: reframing political thought*. Cambridge: Cambridge University Press, 2005.

SANDERS, Lise Shapiro. *Consuming fantasies: labor, leisure, and the London shopgirl, 1880-1920*. Columbus: The Ohio State University Press, 2006.

SANTOS, Daniela Barsotti. Ideais de mulher: estética, visão de corpo e de relações afetivo-sexuais veiculados pela mídia escrita em revistas direcionadas ao público jovem no contexto brasileiro. Dissertação de Mestrado. Universidade de São Paulo/ Ribeirão Preto. Departamento de Psicologia. 2006.

SCHWICHTENBERG, Cathy (ed.). *The Madonna connection: representational politics, subcultural identities, and cultural theory*. Nova Iorque: Westview Press, 1993.

SERRA, Giane Moliari Amaral. Saúde e nutrição na adolescência: o discurso sobre dietas na revista *Capricho*. Dissertação de Mestrado. Fundação Oswaldo Cruz. Programa de Pós-Graduação em Saúde Pública. 2001.

SERRA, Giane Moliari Amaral; SANTOS, Elizabeth Moreira dos. Saúde e mídia na construção da obesidade e do corpo perfeito. *Ciência & Saúde Coletiva*, vol. 8, n° 3, p. 691-701, 2003.

SILVERSTONE, Roger. *Por que estudar a mídia?*. São Paulo: Edições Loyola, 2002.

SLATER, Don. *Cultura do consumo & modernidade*. São Paulo: Nobel, 2002.

SODRÉ, Marcia Luiza Machado Figueira. Representações do corpo adolescente feminino na revista *Capricho*: saúde, beleza e moda. Dissertação de Mestrado. Universidade Federal do Rio Grande do Sul. Ciências do Movimento Humano. 2003.

TAIT, Gordon. *Youth, sex, and government*. Nova Iorque: Peter Lang, 2000.

________. "The seven things all men love in bed": young women's magazines and the governance of femininity. In: MALLAN, Kerry; PEARCE, Sharyn (eds.). *Youth cultures: texts, images, and identities*, p. 81-91. Londres: Praeger, 2003.

TAMARI, Tomoko. Rise of the department store and the aestheticization of everyday life in early 20th century Japan. *International Journal of Japanese Sociology*, n° 15, p. 99-118, 2006.blishing, Ltd.

TAYLOR, Lisa. From ways of life to lifestyle – the "ordinari-zation" of British gardening lifestyle television. *European Journal of Communication*, vol. 17, n° 4, p. 479-494, 2002.

TEIXEIRA, Maria Última. Páginas coloridas, indivíduos coloridos? Cor/raça na revista *Capricho*, 1997 e 2000. Trabalho apresentado no *XIII Encontro da Associação Brasileira de Estudos Populacionais*, 2002. Disponível em: http://www.abep.nepo.unicamp.br/ /2002/Com_RC_PO1_Teixeira_texto.pdf. Acesso em jun. 2005.

TIERSTEN, Lisa. *Marianne in the market: envisioning consumer society in fin-de-siècle France*. Berkeley: University of California Press, 2001.

TRILLING, Lionel. *Sincerity and authenticity*. Londres: Oxford University Press, 1972.

VAVRUS, Mary Douglas. Putting Ally on trial: contesting postfeminism in popular culture. *Women's Studies in Communication*, vol. 23, n° 3, p. 413-428, 2000.

WILLIAMS, Rosalind. *Dream worlds: mass consumption in late nineteenth century France*. Berkeley: University of California Press, 1991.

Considerações Finais

Política, Prazer e Populismo Cultural nas Pesquisas sobre Juventude

> A juventude/adolescência tem sido o cerne da preocupação de acadêmicos e responsáveis por políticas públicas ao longo de todo o século XX, especialmente nos últimos 40 anos. Apesar de muitos textos relacionados com a juventude e os "problemas" oferecidos por grupos específicos de jovens principiarem com racionalizações a propósito do pânico moral do momento, relativamente poucas análises formulam a questão "por que há tanta pesquisa e/ou interesse público a respeito das pessoas jovens?" ou "por que a pesquisa sobre juventude assume certas formas, em determinados contextos históricos e políticos?"
>
> *Christine Griffin: Youth research in the 1990s: time for (another) rethink (1997)*

Após uma sondagem da vastíssima literatura sobre a África concebida por ficcionistas e *scholars* ingleses, Hammond e Jablow (1977) chegaram a uma conclusão incômoda, porém pouco surpreendente: "Os brancos tinham uma obsessão muito maior por *histórias* de canibalismo do que os africanos jamais tiveram por *atos* de canibalismo" (94). A reiterada associação do "continente negro" com a prática de tabus como antropofagia e o incesto é responsável, em boa medida, pela ambivalência de sentimentos dos *civilizados* em relação aos *selvagens* – uma oscilação irresoluta entre o asco e o fascínio ("a inveja neurótica perante a gratificação instintiva ilimitada", diriam os freudianos).

Tal qual evidenciam exemplarmente os relatos acerca do *primitivo* e do *oriental* escritos por viajantes, conquistadores e cientistas europeus do século XIX, o discurso sobre o *Outro* nunca é moldado – apenas e tão-somente – pela observação zelosa e isenta dos modos de vida forasteiros; subjacente às figurações (ou abstrações) da alteridade vigora o fenômeno da projeção – na cultura alheia – dos vícios renegados e das virtudes almejadas, dos recalques e dos desejos mais profundos daqueles que detêm a palavra.

As copiosas investigações a respeito das "(sub)culturas juvenis" – empreendidas por pesquisadores adultos ou *adultescentes* – também são afetadas, em menor ou maior escala, por esta condicionante representativa, não importa quão resolutamente imbuídas de afeto caloroso ou do mais álgido distanciamento metodológico.

Os preponderantes conceitos psicológicos e sociológicos a propósito da posição do jovem na sociedade diminuem ou retiram a possibilidade de este segmento da população representar a si mesmo nas instituições do mundo adulto, em função de sua inerente incompetência social, imaturidade cognitiva e/ou instabilidade emocional.[50] Desencorajada (ou impedida) de gerar e circular amplamente representações alternativas e menos previsíveis de suas "identidades" e seus "melhores interesses", a *juventude* tende a ser construída pelos discursos políticos, acadêmicos, midiáticos e corporativos como uma fonte renovável de espetáculos e escândalos, temores e prazeres para audiências massivas, compostas não só de adolescentes, mas também de "pessoas maduras" – ansiosas para corroborar seus argumentos sobre o final dos tempos, sentir um arrepio diante dos "rebeldes sem causa" ou, simplesmente, atualizar o vocabulário e o vestuário... (Freire Filho, 2006).

Nas páginas anteriores, procurei passar em revista um dos mais ricos acervos de teorizações e conceitos, *insights* e idealizações sobre os gostos, as atitudes e as aspirações juvenis. Embora os dois momentos analíticos não possam ser inteiramente dissociados, mais do que refletir acerca das próprias motivações e atividades dos jovens, pretendi esmiuçar a densa trama de interesses e discursos que caracteriza a produção dos *estudos culturais* acerca deste objeto tão fugidio.

---

[50] Conforme nos lembra oportunamente Sodré (2005: 11), a noção contemporânea de *minoria* como aqueles setores sociais impedidos de ter voz ativa nas instâncias decisórias da vida pública encontra ressonância no modo como os alemães entendem *maioridade* e *menoridade*: "Em Kant, maioridade é *Mündigkeit*, que implica literalmente a possibilidade de falar. *Münd* significa boca. Menoridade é *Unmündigkeit*, ou seja, a impossibilidade de falar. Menor é aquele que não tem acesso à fala plena, como o *infans*".

A partir do último quarto do século XX, os jovens foram continuamente retratados, pelos praticantes dos estudos culturais, com as mais distintas roupagens ideológicas – guerrilheiros semióticos; doutores *honoris causa* em crítica de mídia; surfistas pós-modernos de estilos; consumidores inspiradores; parceiros (sem controle acionário) das indústrias do entretenimento; autênticas (e atraentes) revolucionárias pós-feministas... Alguns destes modelos revestem os jovens com a aura de sujeitos da transformação social; outros, com o crachá de colaboradores no incremento de modelos mais dinâmicos e participativos de produção capitalista avançada.

As variações nas estratégias investigativas e nos esquemas representativos das *culturas juvenis* – profanadoras da ordem ou propagandistas do sistema; símbolos do mal-estar capitalista ou ícones das bem-aventuranças do consumismo globalizado – são influenciadas por marcantes eventos históricos correlatos, como a queda dos regimes comunistas e a propagação do senso de inevitabilidade (ou desejabilidade) da democracia de mercado; a consolidação da hegemonia neoliberal; e, por fim, mas não menos importante, a ascensão do pós-modernismo, com todas as suas extravagâncias retóricas a respeito da obliteração irrestrita de fronteiras culturais e da explosão desgovernada de fluxos sociais, sem esquecer as teses niilistas ou pragmatistas acerca da inapreensibilidade do real (se é que isto existe) a partir de qualquer visada e categorização analítica macroscópica.

É preciso considerar, ainda, no âmbito mais paroquial das disputas de poder intramuros universitários, a notável escalada de um novo tipo de intelectual, verdadeiro *expert* na arte de especular em cima do capital cultural e do subcultural acumulados, dando mostras constantes de sua distinta capacidade de dissertar fluentemente sobre, por exemplo, Kierkegaard, o angustiado teólogo e filósofo dinamarquês, e Kirk, o destemido comandante da nave estrelar Enterprise.

Apanágio quase inescapável da nova geração de acadêmicos (na qual creio que ainda posso me incluir), esta espécie de bilingüismo cultural não deveria ser encarada, em si mesma, como mácula ou virtude biográfica, algo a ser dissimulado ou tolamente exaltado no *curriculum vitae*. Em princípio, nada impede que um aficionado escreva sobre o seu universo de admiração, com razoável distanciamento crítico; é igualmente verdade, contudo, que a condição de fã ou de integrante de uma subcultura não assegura ao pesquisador, por si só, uma superioridade epistemológica, abastecida no âmago da "experiência autêntica". As posições de *insider* e *outsider researcher* comportam dificuldades e benefícios teóricos e práticos específicos no que tange ao acesso, à apreensão e à explanação do objeto de estudo. Cada aspecto dos diferentes tipos de encontros (academicamente motivados e interessados) com o *Outro* deve ser tema de reflexão cautelosa e permanente durante as etapas de planejamento e execução da pesquisa; suas implicações precisam ser enunciadas, com clareza, no momento da apresentação dos resultados, quando explicitamos o itinerário de nossa reflexão e os limites de nossas pretensões. Não há vantagem alguma, tanto para a comunidade acadêmica quanto para as comunidades de fãs, que os lugares de fala do pesquisador e do pesquisado se embaralhem conceitualmente, que dissertações de Mestrado e fanzines (com seus estilos particulares de formulação e comunicação de pensamentos e idéias) se confundam.

Não chega a admirar, porém, que uma disciplina acadêmica como os estudos culturais, distinguida por seu temperamento indisciplinado e transgressor, tenha se envolvido tão de perto com a juventude a ponto de – nos casos mais extremos de crise de identidade – querer espelhar-se nela, sem maiores mediações intelectivas, como propõem expoentes das novas pesquisas sobre fãs. A vontade declarada de se desempossar – num passe de mágica retórico – da condição de "colonizador" (sem abrir mãos dos títulos e honorários que lhe dizem respeito, evidentemente) manifesta o desejo da nova cepa de acadêmicos radicais de romper com o perfil convencional do catedrático totalmente cerebral, eternamente desgostoso, pródigo em atitudes esnobes, discursos fraseados e visões catastróficas – a imorredoura imagem do "profissional da inteligência" empertigado e empedernido, tantas vezes alvo do escárnio de revistas teatrais, comédias cinematográficas e programas humorísticos de TV. No lugar desta caricatura embaraçosa, instala-se, todavia, uma outra *persona* estereotipada: o "intelectual" *pop*, novidadeiro, envergonhado, não raro, da própria condição fatal de acadêmico – tanto assim que almeja camuflá-la sob o manto do acadêmico-fã (ou "*Aca/fan*", como se auto-intitulam Jenkins e seus epígonos).

Num balanço final, é possível perceber que os trabalhos relacionados com o universo juvenil põem em relevo o melhor e o pior da perspectiva analítica dos estudos culturais, em sua já extensa trajetória. Na opinião de Mattelart e

Neveu (2004: 62), "[a]s subculturas jovens são um dos terrenos onde os pesquisadores do CCCS se mostraram, ao mesmo tempo, os mais produtivos, os mais inventivos, os que mais percebiam as dinâmicas sociais". Ao tratar com seriedade respeitosa práticas reputadas, em geral, como insignificantes ou inconseqüentes, os estudos culturais britânicos dos anos 1970 contribuíram, de fato, para uma relevante reformulação tanto na agenda específica de pesquisa sobre a juventude quanto na abordagem mais geral da *vida cotidiana* – conceituada não somente como um espaço de sujeição e alienação, mas como uma plataforma de fomento e expressão de micropolíticas de resistência.

Com entusiasmo admirável, foram assinaladas, a partir de então, forças, tendências e possibilidades de crítica e mudança social latentes/vigentes nas atividades pragmáticas e simbólicas do dia-a-dia. Lamentavelmente, contudo, o realce dado à natureza ubíqua das formas de oposição cotidiana redundou, com assiduidade crescente, num desdém programático por formas mais sistematicamente declaradas e organizadas de mobilização e intervenção. Em muitos casos, respostas emocionais individuais positivas ou 'empoderadas' à opressão e à desigualdade social foram hipervalorizadas, desbancando as modalidades coletivas de solidariedade e luta política. A proposta (em princípio, salutar) de arejamento do imaginário político através de uma ampliação do foco e da definição de resistência não veio acompanhada, em regra, por um interesse genuíno na avaliação de possíveis desdobramentos e ressonâncias sociais de práticas subversivas pontualmente localizadas, por uma preocupação indelével em aferir as implicações do dissenso individualizado (ou subcultural) em mudanças políticas com benefícios mais amplamente compartilhados.

Em face da exuberância das apropriações indébitas e dos usos transgressores e progressistas do sistema na esfera das micropolíticas da vida cotidiana, os clamores pela ultrapassagem do sistema num nível mais macroestrutural deixaram apenas de parecer politicamente inexeqüíveis – afiguravam-se, ainda, como esteticamente *démodés*, desinteressantes. Os *utopismos cotidianos* (imaginativos, coloridos, antidogmáticos) foram irreconciliavelmente contrapostos – por alguns observadores de espírito, ironicamente, dogmático – às "leis férreas" e à "austeridade cinzenta" das grandes narrativas emancipatórias.

Pela porta oportunamente aberta às modalidades táticas de resistência juvenil (informais, ladinas, inconspícuas, cuja presença não é, muitas vezes, detectada pela varredura panótica da vigilância, da indexação e do controle burocrático), acabou entrando, a reboque, todo tipo de resmungos, risadinhas, fugas, prazeres (na dissolução orgíaca do *self* ou na supervalorização maníaca do *self*) e dissimulações triviais. Despreza-se inteiramente, na abundante safra recente de monografias e antologias, a necessidade impreterível de diferenciação entre os desafios mais substanciosos, persuasivos e perspicazes às estratégias e às tecnologias do poder e as posturas meramente acomodatícias, frívolas ou fanfarronas. Qualquer mínimo franzido de sobrancelhas é automaticamente situado na linha de frente da confrontação política; o mais contido ar de deboche, avaliado numa perspectiva de emancipação social.

As várias modalidades de pesquisas qualitativas coligadas (nem sempre, de maneira pertinente) sob a rubrica de "investigação etnográfica" se tornaram presas, às vezes, de uma espécie de "*descritivismo populista*" (Corner, 1998: 142), no qual a documentação detalhada da experiência popular assume uma auto-suficiência afirmativa, desvinculada de qualquer teoria política ou social mais abrangente.

Interessados em reabilitar formas, gêneros e consumidores da cultura popular massiva, os estudos culturais haviam chamado a atenção, de início, por sua indiferença ou hostilidade em relação às considerações axiológicas, acusadas de endossar tacitamente preconceitos, gostos e sensibilidades peculiares de uma minoria privilegiada do ponto de vista econômico. A partir do instante em que foi decretada a inexistência de bases legítimas para fixar os limites entre o valioso e o desvalioso, o julgamento de valor deixou de ser uma tarefa lícita para o crítico – em vez de efetuar distinções de mérito ou qualidade, sua meta deveria ser a descrição e a análise da produção cultural do significado, com o intuito de destrinchar como os processos simbólicos se conectam com o poder social, político e econômico. Instaurou-se, então, um novo critério valorativo fundamentado em parâmetros políticos e na análise ideológica, em vez de estética. "Dentro desta perspectiva", resume Barker (2003: 65), "faz pouco sentido discutir se um artefato cultural é 'bom' ou 'ruim', sob uma ótica formal e estética. Em vez disso, nós precisamos considerar, a partir de uma posição inevitavelmente carregada de valor, sua construção 'ideológica' e suas potenciais conseqüências".

A iniciativa de colocar entre parênteses o debate sobre qualidade podia consistir, em última análise, apenas numa evasão auto-enganadora – afinal, o ditado "Gosto não se discute", tal qual o entendemos, é provavelmente o mais fajuto de todo o patrimônio popular.[51] Ainda assim, a ênfase nas dimensões mais propriamente políticas da cultura popular massiva serviu para reavaliar, por exemplo, as eventuais potencialidades críticas dos excessos, das grosserias e das carnavalizações grotescas ainda pulsantes em filmes e programas de TV, a despeito dos prevalecentes *parâmetros de medianidade* da indústria cultural.[52]

---

[51] O sentido original da máxima romana *De gustibus non est disputandum!* é, ele mesmo, objeto de discussão (Smith, 1991: 13, 22; Gronow, 1997, 9). Talvez o velho axioma pretendesse frisar que o gosto (o bom gosto, para ser mais exato) é evidente em si mesmo e, por conseqüência, acima de qualquer disputa legítima — somente os distúrbios fisiológicos graves, a demência, a boçalidade crassa ou o cinismo justificariam as opiniões divergentes. Existe, todavia, uma outra interpretação para o surradíssimo provérbio romano, bem mais popular do que a apresentada acima: aquela sacada do bolso toda vez que desejamos botar um ponto final, de maneira mais ou menos amigável, em conversas arrastadas ou excessivamente acaloradas sobre preferências estéticas ou escolhas amorosas — o gosto, alega-se, comandado por forças obscuras e imprevisíveis, é problema de natureza puramente individual (de foro íntimo, como se dizia antigamente), cada um tem o seu ("*Chancun son goût*"), é perda de tempo querer legislar acerca de uma entidade tão elusiva ("*En gustos y colores no imponen los autores*").

[52] "Hoje, mais do que nunca, a antítese deixa-se conciliar, acolhendo a arte leve na séria e vice-versa. É justamente isto que a indústria cultural procura fazer. A excentricidade do circo, do *panopticum* e do bordel face à sociedade causa a esta tanto cansaço quanto Schönberg e Karl Kraus. (...) [C]aracterística não é a crassa incultura, a rudeza ou a estupidez. Ao se aperfeiçoar e ao extinguir o diletantismo, a indústria cultural liquidou com os produtos mais grosseiros, embora, continuamente, cometa *gaffes* oriundas da sua própria respeitabilidade" (Adorno e Horkheimer, [1947] 1990: 173-174); "Ética e bom gosto vetam como 'ingênuo' o *amusement* descontrolado - a ingenuidade não é menos malvista do que o intelectualismo - e limita, por fim, as capacidades técnicas. A indústria cultural é corrompida não como Babel pelo pecado, mas, sim, pelo templo do prazer elevado. (...) Ela retém uma imagem do melhor nos traços que a aproximam do circo, na bravura obstinadamente insensata de cavalariços acrobatas e palhaços, na defesa e justificação da arte física em confronto com a arte espiritual. Mas os últimos refúgios deste virtuosismo sem substância, que despersonaliza o humano contra o mecanismo social, são desapiedadamente polidos por uma razão planificadora que a tudo constrange a declarar a sua própria função e o seu próprio significado. Ela ataca em dois planos: em baixo elimina o que não tem sentido, em cima, o

Com o passar do tempo, no entanto, a própria intenção louvável de distinguir os aspectos *reacionários* e *progressistas* de artefatos, prazeres e entretenimentos populares começou a ser rechaçada, por certos pesquisadores, como sendo também elitista e moralista. As baterias do "populismo cultural" (McGuigan, 1992, 1998) foram recarregadas com alta voltagem – em sintonia com o credo complacente da *democracia de mercado*, figuras de proa do "populismo *pop*-e-refrescante" (Gibson, 2000: 256) alardeiam, com inabalável confiança, que o freguês (o povo) tem sempre razão, jamais se engana ou é enganado, numa pregação que equaciona "satisfação estética" com "satisfação ética" (Deacon, 2003: 212).

O objetivo final de todo projeto populista é, como se sabe, forjar uma imediata identidade entre o governante e a vontade essencial do povo. O monolítico perfil do *povo* alinhavado pelos populistas determina os antagonistas a serem combatidos: o grande poder econômico, os estrangeiros, as minorias... Ou, no caso das derivações neopopulistas dos estudos culturais, o intelectual "quadradão" e "pedante", os frankfurtianos "carrancudos", os sabichões de todo tipo, desconfiados da inteligência das audiências, presumindo saber o que é melhor para elas, num golpe mortal contra a Auto-Estima popular... Conforme observa Mudde (2004: 546), os populistas clamam expressar a voz dos oprimidos, a quem prometem emancipar, sem mudar, no entanto, os seus valores ou seu "modo de vida" tradicionais. Neste ponto, diferem dos socialistas clássicos, preocupados em reeducar e elevar os trabalhadores, a fim de libertá-los de sua "falsa consciência". Para os populistas, ao contrário, a consciência do povo, geralmente denominada "senso comum", é a base de toda boa gestão política (e cultural).

Libertos da *camisa-de-força* do (neo)marxismo, alguns investigadores se converteram em taquígrafos alucinados, em cartógrafos neófilos dos estilos e artefatos propagados pelo ímpeto inventivo das novas gerações. Na pior das hipóteses, parecem interessados em nada além do que experimentar, ainda que vicariamente, os prazeres das múltiplas escolhas do festim

---

significado das obras de arte" (idem: 180-181). "A cultura de massa tem, na sua procura da 'mediedade' (sic), uma espécie de mecânica da moralidade pela qual recusa tudo o que é abnorme, preocupada, unicamente, em fixar-se sobre uma 'normalidade' que não incomode ninguém" (Eco, [1964] 1987: 312).

consumista ou das ziguezagueantes interações da nova "cultura participativa".[53] Nunca se interrogam a propósito da *estruturação* e do *conteúdo* desta diversidade e criatividade cultural juvenil. Confetes e aplausos, nenhum juízo crítico. O que importa, mesmo, é registrar e reverenciar o agenciamento do público – o seu invejável jogo de cintura, a sua malemolência simbólica, a sua incomparável habilidade para fazer sempre da necessidade uma virtude, de tal sorte que somos levados a relativizar a importância de restrições econômicas ou legais, de iniqüidades sociais, das iniciativas de colonização comercial do espaço concreto e virtual, das asneiras e arapucas televisivas[54]...

Alguém poderia objetar que o panorama traçado anteriormente não corresponde à realidade da pesquisa sobre juventude no Brasil. Sem sombra de dúvida, o *ethos populista* não encontra uma ressonância tão gritante em nossa produção acadêmica. Mesmo assim, minha experiência profissional me levou a detectar sinais pronunciados da sua presença inquietante. Na função tanto de editor e parecerista de publicações acadêmicas quanto de coordenador do GT Comunicação e Sociabilidade da Compós (Associação Nacional dos Programas de Pós-graduação em Comunicação) e do GT Comunicação e Cultura Juvenis do Coneco (Congresso de Estudantes de Pós-graduação em Comunicação), volta e meia me deparo com artigos com uma abordagem absolutamente acrítica e celebradora em relação a manifestações culturais juvenis *on-line* e *off-line* (hip hop; punk; funk; emo; cenas de música eletrônica; comunidades virtuais de fãs etc.). Como os trabalhos com este perfil são produzidos, na maioria dos casos, por autores em estágio inicial ou intermediário de formação acadêmica, presumo que

---

[53] Em tempo: a noção de "cultura participativa", tal qual formulada por Jenkins, se distingue consideravelmente da noção de "cultura comum" delineada por Williams ([1958] 1969) — inseparável da mudança radical socialista, como sublinha Eagleton (2005: 169-173), a noção de "cultura comum" exige uma ética de responsabilidade coletiva, instituições cooperativas, plena participação democrática em todos os níveis da vida social, incluindo a produção material e o acesso igualitário ao processo de criação cultural.

[54] Como ironiza Morley (1996: 54), é possível identificar um curioso pressuposto cristão por trás dos elogios à "incontível polissemia" e à "democracia semiótica" da cultura popular massiva, em que os pecados da indústria cultural são, de alguma forma, redimidos no "além-mundo" da recepção.

as ponderações de caráter teórico e metodológico contidas neste livro possam ter, eventualmente, alguma serventia na correção dos rumos de pesquisas em elaboração ou andamento.

A crescente afluência de estudos sobre a juventude dentro do campo da comunicação social – com seus acertos alvissareiros e seus pontos cegos e equívocos ainda, em grande parte, contornáveis – me estimulou, também, a encerrar cada capítulo deste livro com indicações de novas agendas de pesquisa, de novos terrenos de investigação, na expectativa otimista de que os (futuros) colegas interessados pelo tema possam aperfeiçoar e aprofundar as trilhas apenas esboçadas por mim.

Referências bibliográficas

ADORNO, Theodor W.; HORKHEIMER, Max. A indústria cultural – o Iluminismo como mistificação de massa. In: LIMA, Luiz Costa (org.). *Teoria da cultura de massa*, p. 159-204. Rio de Janeiro: Paz e Terra, 1990 [1947].

BARKER, Chris. *Cultural studies: theory and practice*. Londres: Sage, 2003.

CORNER, John. *Studying media: problems of theory and method*. Edimburgo: Edinburgh University Press, 1998.

DEACON, David. Holism, communion and conversion: integrating media consumption and production research. *Media, Culture & Society*, vol. 25, nº 2, p. 209-231, 2003.

EAGLETON, Terry. *A idéia de cultura*. São Paulo: Editora UNESP, 2005.

ECO, Umberto. *Apocalípticos e integrados*. São Paulo: Perspectiva, 1987 [1964].

FREIRE FILHO, João. Formas e normas da *adolescência* e da *juventude* na mídia. In: FREIRE FILHO, João; VAZ, Paulo (orgs.). *Construções do* tempo *e do* outro*: representações e discursos midiáticos sobre a alteridade*, p. 37-64. Rio de Janeiro: Mauad X, 2006.

________. A celebrização do ordinário na TV: democracia radical ou neopopulismo midiático?. In: FREIRE FILHO, João; HERSCHMANN, Micael (orgs.). *Novos rumos da cultura da mídia: indústrias, produtos, audiências*. Rio de Janeiro: Mauad X, 2007.

GIBSON, Timothy A.. Beyond cultural populism: notes toward the critical ethnography of media audiences. *Journal of Communication Inquiry*, vol. 24, nº 3, p. 253-273, 2000.

GRONOW, Jukka. *The sociology of taste*. Londres: Routledge, 1997.

HAMMOND, Dorothy; JABLOW, Alta. *The myth of Africa*. Nova Iorque: Library of Social Science, 1977.

McGUIGAN, Jim. *Cultural populism*. Londres: Routledge, 1992.

________. Un repaso al populismo cultural. In: FERGUSON, Marjorie; GOLDING, Peter (eds.). *Economía política y estudios culturales*, p. 239-262. Barcelona: Bosch Casa Editorial, 1998.

MATTELART, Armand; NEVEU, Érik. *Introdução aos estudos culturais*. São Paulo: Parábola, 2004.

MORLEY, David. *Televisión, audiencias y estudios culturales*. Buenos Aires: Amorrortu editores, 1996.

MUDDE, Cas. The populist Zeitgeist. *Government and Opposition*, vol. 39, n° 4, p. 542-563, 2004.

SMITH, Barbara Herrnstein. *Contingencies of value: alternative perspectives for critical theory*. Londres: Harvard University Press, 1991.

SODRÉ, Muniz. Por um conceito de minoria. In: PAIVA, Raquel; BARBALHO, Alexandre (orgs).*Comunicação e cultura das minorias*, p. 11-14. São Paulo: Paulus, 2005.

WILLIAMS, Raymond. *Cultura e sociedade — 1780-1950*. São Paulo: Companhia Editora Nacional, 1969 [1958].

Agradecimentos

Contei com o apoio inestimável de diversas pessoas e instituições, ao longo do desenvolvimento deste projeto. Sem os auxílios financeiros concedidos pela FUJB (Fundação Universitária José Bonifácio) e pelo CNPq (Conselho Nacional de Desenvolvimento Científico e Tecnológico), minhas referências bibliográficas certamente seriam mais exíguas. Agradeço, também, ao CNPq o financiamento parcial deste livro. Pude me beneficiar, ainda, para a realização desta obra, do intercâmbio sistemático de idéias com os colegas que participaram, entre 2005 e 2007, do GT Comunicação e Sociabilidade da Compós e do NP Comunicação e Culturas Urbanas da Intercom – coordenados à época, com simpatia e competência, por Janice Caiafa e Silvia Borelli, respectivamente. Não poderia deixar de mencionar, também, as enriquecedoras conversas – transcorridas, às vezes, em fóruns menos acadêmicos – com Angela Prysthon, Bianca Freire-Medeiros, Fernanda Bruno, Itania Gomes, Jeder Janotti, Micael Herschmann, Paulo Jorge Ribeiro e Paulo Vaz. Todas as reflexões fomentadas nos últimos três anos não teriam redundado neste livro, entretanto, sem a colaboração efetiva dos seguintes orientandos de graduação e pós-graduação (além de jovens pesquisadores promissores, meus atentos revisores e informantes): Aline Brandão, Ana Julia Cury, Bruna Bakker, Bruno Campanella, Clara Meirelles, Fernanda Marques, Julia Favoretto, Mayka Castellano, Pedro Curi, Rosana Alencar e Taiane Linhares. Por fim, agradeço a Milagros Lara Freire, minha esposa, por todos os gestos de compreensão e incentivo, durante esta atribulada jornada.

Características deste livro:

Formato: 14 x 21 cm

Mancha: 10,5 x 17,0 cm

Tipologia: Times New Roman 10/13,5

Papel: Ofsete 75g/m² (miolo)

Cartão Supremo 250g/m² (capa)

Impressão: Sermograf

1ª edição: 2007

Para saber mais sobre nossos títulos e autores,
visite o nosso site:
www.mauad.com.br